LORANT RÁCZ

Ein Requiem auf den Sozialismus

Ungarn 1953 bis 1956

COLLEGIUM LIBERALE WIEN
2003

HERAUSGEBER
COLLEGIUM LIBERALE WIEN

HERSTELLUNG: Books on Demand GmbH
ISBN 3-8330-0621-8

Umschlag: Tibor Kulcsar Graphik
Peter Kremml Layout

INHALT

PROLOG

„...wir können Ungarn nur dann treu bleiben, wenn wir niemals und nirgendwo das aufgeben, wofür die ungarischen Kämpfer ihr Leben opferten, und wenn wir nie und nirgendwo – nicht einmal indirekt – die Mörder legitimieren".
Mit diesen Worten über die ungarische Revolution von 1956 verabschiedete sich Albert Camus von der französischen KP.

„I have seen the future: and It works!" schrieb nach einem längeren Aufenthalt in Russland der Journalist und Gründer der Kommunistischen Partei der USA, John Reed, in seinem 1920 erschienenen Buch* über die russische Revolution 1917. Dieser Satz ging durch alle Zeitungen und beeinflusst und irritiert seither nachhaltig die linken „Intellektuellen" und auch jene, die sich weltweit für solche halten.
R hat diese vermeintliche Zukunft gesehen und erlebt und musste erfahren: Sie funktionierte nicht!
Warum nicht? Darüber soll nun berichtet werden

Mit dem Überschreiten der österreichischen Grenze vor fünfundvierzig Jahren hatte R nicht nur sein Land, sondern auch die ersten vierundzwanzig Jahre seines Lebens hinter sich gelassen. Selbst das überwältigende und erhabene Gefühl, an einem einzigartigen geschichtlichen Ereignis nicht nur teilgenommen, sondern durch sein Verhalten dieses auch vorbereitet zu haben, versuchte er bis zuletzt zu verdrängen. Dabei ging es ihm besonders um den geistigen Prozess, die Art und Weise, den Weg des Wie und des Was, welcher einer letztlich liberalen Revolution vorangegangen war. Einer Revolution, die die Welt dreizehn Tage lang in Atem hielt und die, wie sich später herausstellte, das Ende eines mehr als hundert Jahre

---

*„Ten Days That Shook the World"

dauernden Experiments mit Menschen einleitete: das Ende des Experiments Sozialismus – egal welche Vorstellungen auch immer in den Köpfen der Experimentierenden über Inhalt und Form eines in ferner Zukunft liegenden Sozialismus entwickelt wurden.

Obwohl sich R eigentlich darüber hätte freuen sollen, den Boden des freien Westens betreten zu haben und der Lebensgefahr und dem Terror entkommen zu sein, so überkam ihn doch eine unbeschreibliche Wut über seine Unbeholfenheit, die sich später plötzlich in ein tiefes Gefühl der Angst und der Traurigkeit verwandelte, das von nun an sein ständiger Begleiter werden sollte, wann immer über die wunderbaren dreizehn Tage geschrieben oder gesprochen wurde. Denn diese dreizehn Tage waren der Höhepunkt und das Ergebnis einer 1953 begonnenen, von der ganzen Welt nicht wahrgenommenen Katarrhsis nicht nur der Linken, sondern aller östlich des Eisernen Vorhang lebenden und aus der, die in der Seele aller Menschen innewohnende Sehnsucht nach Verwirklichung von Freiheit und Demokratie, wie Phönix aus der Asche aufbrach und zur Geltung kam. Wie wir später sehen werden, erwischte es besonders stark die Linken, die nach sieben Jahren sozialistischen Aufbaus erkennen mussten, dass das Experiment Sozialismus menschenverachtend ist und daher dieses Experiment sofort abzubrechen sei. Sie begaben sich, gemeinsam mit allen anderen auf die Suche nach einem neuen Weg, der ihnen aber verwehrt wurde. Ihr diesbezügliches, besonders intellektuelles Bemühen seit 1953, wurde von ihren in westlichen Demokratien geschützt agierenden, von einer ideologischen Obsession gefangen gehaltenen Genossen bis 1989, und auch danach, als verwerflich abgelehnt. So wurden sie für weitere 35 Jahre der Tyrannis preisgegeben.

I.

„Beschluss des Militärgerichtshofes: Das Verfahren gegen den flüchtigen Zweitangeklagten R wird abgesondert", begann N zu erzählen, „und nach der Verkündung des über mich verhängten Todesurteils, wurde ich in eine neue Zelle abgeführt", setzte er fort „und weißt Du, was mich überrascht und erschreckt hat? Ich habe an alles, nur nicht an meine Frau gedacht! Und in diesem Augenblick ließ ich mich von ihr gedanklich scheiden. Was konnte sie mir bedeutet haben, wenn mein erster Gedanke gleich nach der Urteilsverkündung nicht ihr gegolten hat? Du musst alles genau niederschreiben, so wie es gewesen ist", sagte er aufgeregt zu R und beugte sich näher zu ihm, so als wollte er seinen Worten Nachdruck verleihen. „Denn niemand hat sich bisher getraut oder es der Mühe wert gefunden, die damaligen Ereignisse in M. festzuhalten", setzte er fort, „selbst ich versuche seit fast vierzig Jahren die Erinnerungen schriftlich festzuhalten, aber ich bringe es einfach nicht fertig; ich verdränge seither alle Emotionen", schloss N und nahm einen großen Schluck Rotwein.

Dies waren die ersten Worte, nachdem er R nach fünfunddreißig Jahren gerührt begrüßt hatte. Sie trafen sich Anfang der 90-er Jahre in einem neu errichteten Restaurant in Budapest. Sie hatten nichts gegessen - sie tranken nur Rotwein. Das sozialistische System war bereits zerschlagen und N war Parlamentsabgeordneter der neuen Sozialistischen Partei, was R nicht in den Kopf gehen wollte nach all dem was N im Sozialismus mitmachen musste. Er erwartete eher die abgedroschenen trivialen Fragen: Wie geht es dir? Was hast bis jetzt gemacht? oder dergleichen. Nein, er erzählte von seiner geschiedenen Frau, einer attraktiven Schauspielerin, von der R während der Revolution erfahren hatte, dass sie für die Staatspolizei arbeitete. Ohne es auszusprechen, dachte R nach, ob N davon wusste und es nur aus Verlegenheit anschnitt, um damit R zuvor zu kommen?

R ließ sich nichts anmerken und tat so, als hätten sie ein vor vierzig Jahren unterbrochenes Gespräch einfach

fortgesetzt. Es war irritierend und R überkam wieder ein Gefühl der Angst, das ihn stets bedrückte, sooft das Thema der Ereignisse in M wieder auftauchte. Wieder begann R diejenigen zu verstehen, die selten oder nie von ihren erlittenen Verfolgungen, vom Krieg, Gefängnis, KZ oder Gulag sprechen wollten. Es ist eine Art Gedächtnissperre, für die der Schlüssel der Erinnerungen nicht zu passen scheint. Ja, man sucht den eventuell dazu passenden Schlüssel nicht einmal, weil die damalige Enttäuschung, besonders die Konfrontation mit den dramatischen Ereignissen, dem sinnlosen Blutvergießen, dessen Augenzeuge man war, noch immer so schrecklich und schockierend ist, dass man die Bilder ständig verscheucht und auch heute noch nicht wagt, sie zur Kenntnis zu nehmen, um nicht einer depressionsartigen Traurigkeit zu verfallen. Oder sind es eher Gefühle der Scham, die einen überkommen, wenn man sich der schrecklichen Enttäuschung und Hilflosigkeit erinnert?
N und R waren Schulfreunde im Gymnasium gewesen. Nach der Matura trennten sich ihre Wege und sie verloren sich aus den Augen. N wurde Schauspieler und hatte in M großen Erfolg. Das erwähnte Todesurteil über N wurde in eine lebenslange Kerkerstrafe umgewandelt und nach Verbüßung von sechs Jahren wurde N begnadigt. R studierte Jus und lebte seit seiner Flucht in Wien. Und hier trafen sie einander nun wieder.

II.

Die Stadt begann am Bahnhof und endete in nördlicher Richtung nach zirka zehn Kilometern beim Eisen- und Stahlwerk und verlief sich dann in Bergdörfern. Diese zwei Punkte wurden durch eine einspurige Straßenbahn verbunden, die sich wie ein langsamer Wurm durch die Häuserzeilen beiderseits der Hauptstraße schlängelte. Diese Straßenbahn war so alt, dass sie noch Petroleumlampen als Außenbeleuchtung hatte. Der Fortschritt manifestierte sich in der einzigen Ampelanlage

der Strecke. Hier kreuzte die Ost-Westachse die Hauptstraße und bildete so eine Art Zentrum. Hier stieg man auf eine Zweiglinie der Straßenbahn um.
Die Häuser rund um den Bahnhof waren niedrig gebaut und meist ebenerdig, und wurden - je mehr man sich dem Zentrum näherte - immer höher, bis zu vier Stockwerken, um dann wieder kleiner zu werden, je mehr man sich dem Eisen- und Stahlwerk näherte.
Was kann noch von der Stadt erzählt werden? Dass sie im Nordosten des Landes, am Fuße einer freundlichen Bergkette liegt, die von Mischwäldern bedeckt ist, in denen die Buche überwiegt. Die Buche hatte vermutlich schon zur Eisenzeit das Holz zur Gewinnung von Holzkohle geliefert, welche für die Eisenerzeugung benötigt wurde. So war mit der Zeit eines der bedeutsamsten Eisen- und Stahlindustrie des Landes und der Monarchie entstanden.
Was kann noch über die Stadt gesagt werden? Hier wirkte als Tanz- und Anstandslehrer der weltbekannte und in Österreich auch allseits beliebte Fußballtrainer Béla Gutmann, der „Béla bácsi“, der mit Benfica Lissabon mehrmals den Europa-Cup (jetzt Champions-League) gewonnen hatte und mit der Wiener Austria österreichischer Fußballmeister wurde. Auch der nun im Westen bekannt gewordene Schriftstellers Sándor Márai war oft in der Stadt, aber nur, um seinen todkranken Vater im Krankenhaus zu besuchen und ihn dann später auf dem Stadtfriedhof zu begraben. Ja, das Theater darf nicht vergessen werden. 1823 wurde in M das erste aus Stein gebaute Theater des Landes errichtet. Es wurde 1857 im klassizistischen Stil neu erbaut.
Mehr kann über die Stadt nicht gesagt werden, es sei denn, man wollte ihre Bedeutungslosigkeit hervorheben.
Die Menschen der Stadt waren von einem eigenen Schlag: sehr freundlich, arbeitsam und fleißig, gleichzeitig aber auch misstrauisch jeder Neuerung gegenüber. Und sie legten sehr viel Wert auf ihr Ungartum, ohne übermäßig nationalistisch zu sein. Vermutlich deswegen, weil sie sich mit Slowaken, Ruthenen, Italienern, Griechen und

Franzosen vermischt hatten: darauf deuten die vielen Eigennamen. Überraschenderweise siedelten fast keine Deutschsprachigen in dieser Gegend. Nur Beamte aus Österreich verschlug es während der K. und K. Zeit hierher. Zur Toleranz trug vermutlich der Umstand bei, dass keine der Religionen dominierend war. Es gab viele Katholiken, aber auch viele Protestanten, mit eigenem Gymnasium, Griechisch-Orthodoxe und Griechisch-Katholische, beide mit eigenen Kirchen, und Juden mit einer schönen Synagoge. Neben den sich zumeist aus Nebenerwerbsbauern langsam entwickelnden Industriearbeitern entstand auch eine sehr gebildete Kleinbürgerschicht. Es gab fast keine Großgrundbesitzer und die Aristokraten lebten anderswo. Karriere machte jemand, der nach Budapest zog.

Durch die unvorhersehbaren Wirren der Nachkriegszeit, als man wie durch eine unsichtbare, aber brutale Hand immer nur hin- und hergeschoben wurde, landete die Familie von R in dieser Stadt, die wir M nennen wollen.

Die Stadt blieb von Kriegeinwirkungen verschont. Nur das Stahlwerk wurde bombardiert und leicht beschädigt. Die russischen Befreier benahmen sich wie eine Besatzungsmacht und es kam kurzfristig zu den bekannten Übergriffen.

III.

Nach dem II. Weltkrieg kam es zu einem kurzen politischen Intermezzo, in dem der Versuch unternommen wurde, demokratische Spielregeln in Ungarn einzuführen.

Obwohl bei den ersten freien Wahlen 1945 die Kommunisten, trotz Anwesenheit der sowjetischen Besatzer eine verheerende Niederlage hinnehmen mussten, begann 1948 die Herrschaft unter dem roten Stern. Niemand wollte die Kommunisten und dennoch gelang es ihnen aufgrund der Vereinbarungen von Jalta und Potsdam und mit der nicht unwesentlichen Hilfe der begeisterten „Linksintellektuellen“, an die Macht zu

gelangen. Linke, aber talentierte Journalisten und Schriftsteller gestalteten professionell die Schlagzeilen der gleichgeschalteten Tageszeitungen, Zeitschriften und Magazine, hochgebildete Redakteure die Nachrichten im Rundfunk. John Reeds „I have seen the future“ zeigte bei ihnen Wirkung. Der war schließlich Amerikaner! Jede protestierende Stimme wurde mit dem Hinweis auf die reaktionär-faschistische Vergangenheit des Landes niedergeschmettert. Die Urteile der Volksgerichtshöfe gleich nach dem Krieg, verbreiteten Furcht – aber auch Gewissensbisse unter einem großen Teil der Bevölkerung.
Im März 1946 sagte Winston Churchill in seiner berühmten Rede in Fulton: „Quer durch den Kontinent, von Stettin an der Ostsee bis Triest an der Adria, hat sich ein eiserner Vorhang niedergelassen. Östlich dieses Vorhangs begann statt des Kampfes mit der Waffe der Klassenkampf der kommunistischen Ideologie gegen alles Menschliche und der Unterdrückungs-Kampf Sowjetrusslands gegen alles Patriotische oder Nationale“. Die Medien griffen diesen Satz als Bonmot auf und der Begriff „Eiserner Vorhang“ ging durch die Weltblätter und zog auch in die Geschichte ein. Kaum drei Jahre später wurde Churchills „Bonmot“ zur schrecklichen und traurigen Wirklichkeit. Ein Hunderte Kilometer langer Stacheldrahtzaun wurde errichtet. Von den in Sichtweite aufgestellten Wachtürmen wurde mit Maschinengewehren auf alles geschossen, was sich dem Zaun näherte. Fallenartig nahe beieinander vergrabene, mit Stolperdraht verbundene Landminen zerfetzten Mensch und Tier. Schwerverletzte wurden wie eine Jagdbeute abgeschleppt, Überlebende wurden zu mehrjährigen Haftstrafen verurteilt.
Und die Zukunft, die John Reed gesehen hatte, kam apokalyptisch daher. Wenn jemand Churchills Bonmot östlich dieses eisernen Vorhangs von sich gab, landete er bestenfalls in einem der dafür vorgesehenen KZs. Er hätte aber auch genauso im Gefängnis oder im Arbeitslager landen können. Selbst nur die gedankliche Äußerung , den „Vorhang“ Richtung Westen überwinden zu wollen, galt als

Vorbereitung zur Flucht und wurde mit Internierung oder Gefängnis geahndet.
Die Kommunisten hatten ihre besten Verbündeten nicht unbedingt in der russischen Besatzungsmacht, sondern eher in den Linksintellektuellen im Lande und in den Salonkommunisten westlich des Vorhangs. Die sozialistische Gesetzgebung sicherte das Funktionieren der Zukunft ihrer Bürger durch das „Gesetz zur strafrechtlichen Verteidigung der Republik und der demokratischen Staatsordnung". Durch dieses Gesetz wurden in Zukunft nicht nur die Handlung selbst, sondern auch die Vorbereitung, das Nichtanzeigen und die Eventualität mit dem Tode bestraft. Eine der bekanntesten Urteilsbegründungen lautete: „Zwar ist dem Angeklagten die Straftat nicht nachgewiesen worden, aber es ist aufgrund seines bisherigen Lebenswandels und seiner Abstammung und Herkunft anzunehmen, dass er die Tat verübt hätte, hätte er eine Gelegenheit dazu gehabt." (Freisler hätte seine Freude gehabt!)
Die ersten politischen Prozesse mit Todesurteilen wurden inszeniert. Alle nicht genehmen Organisationen wurden aufgelöst. Durch die plötzlich veranlassten und rücksichtslos durchgeführten Enteignungen und Verstaatlichungen sowie die damit verbundene Zwangskollektivierung der Landwirtschaft entstand eine bewußt herbeigeführte Arbeitslosigkeit, wodurch die Arbeiterschaft leichter manipulierbar wurde und zur Arbeit in sozialistische Großprojekte gezwungen werden konnte.
Es folgte die Verstaatlichung der Schulen und auch die Kirchen wurden unter staatliche Kontrolle gestellt. Der gesamte Klerus wurde vom Staat bezahlt. Um jeden Widerstand in diesem Zusammenhang zu brechen, wurden Kardinal Mindszenty und viele Würdenträger der Kirche verhaftet, gefoltert und in mehreren Schauprozessen zu langjährigen Gefängnisstrafen verurteilt.
In diesem so genannten Jahr der Wende (wie sich Begriffe in der Geschichte immer wiederholen!) fand die Gründung des COMECON statt. Es war dies die totale wirtschaftliche

Zusammenfassung aller östlich des eisernen Vorhangs existierenden „Volksdemokratien", und der russische Rubel wurde zwingendes Zahlungs- und Verrechnungsmittel.
Die Partei setzte laufend Gerüchte über eine „Verschwörung gegen die demokratische Staatsordnung" in Umlauf. Die durch sie gelenkte Staatspolizei wurde in Bewegung gesetzt und sie wurde „fündig". Auf Massenverhaftungen folgten Internierungen und Schauprozesse mit abschreckenden Urteilen. All das gehörte zum sozialistischen Aufbau.
Nachdem mit Hilfe des von kommunistischen Innenministern[1] geschaffenen Staatssicherheitsdienstes die Macht der KP gefestigt worden war, kam es parteiintern zur Abrechnung der aus der Moskauer Emigration zurückgekehrten Moskowitern mit den im Lande gebliebenen Kommunisten und Sozialdemokraten, die im Gefängnis einsaßen oder im Untergrund kämpften. Nach dem auch international großes Aufsehen erregenden Schauprozess gegen Kardinal Mindszenty folgte nun der Schauprozess gegen den früheren Innenminister und international bekannten Kommunisten Rajk. Er wurde der Spionage für den Westen, der Verschwörung gegen die demokratische Staatsordnung und vieler anderer Verbrechen beschuldigt. Unter dem Gejohle der Arbeiterklasse wurde er zum Tode verurteilt und am Galgen hingerichtet. Im Gegensatz zu früher hatte die Linke Westeuropas für diesen Kommunisten keinen Finger gerührt. Woraus der Schluss gezogen wurde, dass es nur Moskautreue verdienten, gerettet zu werden. Dem Rajk-Prozess folgen mehrere Nebenprozesse und der Terror wurde immer präziser.

---

[1] Rajk und Kádár. Beide standen schon 1945 an der Spitze der Budapester Polizei und machten Jagd auf Faschisten. Rajk, ein alter Spanienkämpfer, wurde Innenminister und schuf das Amt für Staatssicherheit, das nur dem ZK der Partei und ihm unterstand. Dieses Amt arbeitete im gesetzlosen Raum und war Garant der blutigen Diktatur. 1949 wurde Rajk selbst Opfer seiner Organisation und unter dem neuen Innenminister Kádár verhaftet, gefoltert und hingerichtet. Kádár kam 1951 an die Reihe, er wurde aber nicht hingerichtet und kam aufgrund des Juniprogramms von Imre Nagy 1954 frei, um dann diesen 1958, nach der Niederschlagung der Revolution, an den Galgen zu bringen.

1949 war nicht nur das Jahr der „Wende“, sondern auch das „Stalinjahr“. Der blutrünstige rote Diktator Stalin wurde siebzig. Im Westen wurde er gefeiert, in Ungarn musste er gefeiert werden. Vor allem berühmte Künstler und Salonkommunisten, die im Wohlstand von einer klassenlosen Gesellschaft träumten, überschlugen sich in ihren Huldigungen. Picasso widmete Stalin eine Postkarte und die berühmte Friedenstaube. André Gide, Jean Paul Sartre, George. B. Shaw, Paul Robson und viele andere begrüßten ihn, die Lenin-Preisträger Johannes Becher und Pablo Neruda sowie Ernst Fischer schrieben auch in Ungarn veröffentlichte peinlich wirkende Oden an Stalin. Ja, alle westlichen Staatsmänner, darunter auch Churchill schickten ihm lobende Telegramme. Diese von der Propaganda und der Presse hochgespielte Aktion sowie die oft erwähnte Tatsache, dass bereits vor dem Krieg H.G. Wells, Leon Feuchtwanger, Romain Roland und andere Salonkommunisten dem roten Diktator huldigten, hatte unter der Bevölkerung sowohl zu erhöhter Verbitterung als auch zu noch größerer Unbeliebtheit Stalins beigetragen. Während Dichter wie György Faludy im Gefängnis saßen und Ferenc Molnár, Sándor Márai u. a. verboten waren, haben linke Schriftsteller sich gegenseitig mit „Gebeten“ an Stalin übertroffen. In Budapest wurden die im selben Jahr eröffneten Trolleybuslinien auf Antrag des Stadtrates mit 70-ern nummeriert. Sie tragen diese Nummerierung noch heute. Der Höhepunkt der Feierlichkeiten wurde mit der Errichtung eines fast 30 Meter hohen Stalin-Denkmals erreicht. Dieses wurde am Abend des 23. Oktober 1956 von den Aufständischen gestürzt. Als nachhaltiges Symbol blieben nur die zwei in den Himmel ragende Stiefel des Tyrannen übrig.

Aber trotz Terror, totaler Grenzsperre und Einschüchterung sickerten Magazine und Schallplatten ins Land. Die Bilder der Magazine faszinierten jung und alt, Jazz von AFN, mit „This is Music USA“, oder vom Sender Novisad wurde nachgeahmt. Die Kulturszene in Ungarn war selbst vor dem Krieg, während des Horthy-Regimes, etwas lockerer als in Nazi-Deutschland und den von diesem besetzten Ländern, wo westliche Filme, Zeitungen oder Theaterstücke jüdischer oder „feindlicher“ Autoren verboten waren. Die Jugendlichen „protestierten“ mit extrem westlicher Kleidung und Interesse für ausländische Magazine. Viele von ihnen wurden eingesperrt, verprügelt und oft für Jahre interniert. An diese unschuldigen Opfer, von denen heute niemand mehr spricht, soll hiermit erinnert werden.

In den Jahren 1951-53 erfolgte die Gleichschaltung auf allen Gebieten der Politik, der Kunst, des Schulwesens, aber auch der Menschen selbst. Nur die Partei und ihre Mitglieder hatten das Sagen. Es bestätigte sich, dass der Sozialismus, gleich dem Nationalsozialismus, in seinem dogmatischen Inhalt und in seiner Form der Hierarchie und der Liturgie eine politische Religion ist. Die ständige Angst ließ Geist und Seele erstarren und beraubte dadurch die Menschen ihrer Handlungsfähigkeit. Und so wurden die Menschen mit der Zeit zur willenlosen Masse geknetet, ohne je ein sozialistisches Profil zu erhalten. Der Staatssicherheitsdienst wurde direkt dem Zentralkomitee der Kommunistischen Partei und dem von ihr bestimmten Innenminister unterstellt und als eigene Behörde tätig. Sie war außer der Partei niemandem verantwortlich. Sie unterhielt sogar eigene Internierungslager und Gefängnisse. Zum Beispiel das „Mini-Auschwitz“ Recsk, ein Vernichtungslager ohne Gaskammern, mit ca. 1.500 Insassen, von dem bis 1954 niemand etwas wusste. Und Kistarcsa, das nahe Budapest gelegene Internierungslager mit bis zu 5.000 Insassen, und das Sammellager Buda-Süd. Von den beiden letzteren wussten fast alle, denn das hatte sich herumgesprochen. In den Gefängnissen und gefängnisartigen Arbeitslagern befanden sich geschätzte 60.000 politische Häftlinge! Das Spitzelwesen funktionierte perfekt. Überall saßen sowjetische „Berater“: in den Ministerien, den Großbetrieben, den Universitäten, in der Polizei und in der Armee. Der neue sozialistische Sowjetmensch sollte geschaffen werden. Als „Vorbild“

galten die Sowjetunion, deren Partei und ihr großer und genialer Führer Generalissimus Stalin.
Nach der Verstaatlichung jedes auch noch so kleinen Einmann-Gewerbebetriebes wurde nach sowjetischem Muster die Landwirtschaft zwangskollektiviert. All das unter tatkräftiger „Mithilfe“ des Staatssicherheitsdienstes. Die Folge war - wie nach der Verstaatlichung - ein Heer von landlosen Massen, das ebenfalls in Großprojekte „gepumpt“ wurde. Lenins ideologische Bedingung wurde erfüllt: ein willenloses Proletariat, das unter Führung der Elite der Arbeiterklasse, der Kommunistischen Partei, zum Sieg des Sozialismus geführt werden sollte. Diese Massen konnten leicht unterdrückt und kontrolliert werden. Jeder Arbeitseinsatz musste bei Strafe und Zwang akzeptiert werden.
Die ersten Anzeichen der sozialistischen Misswirtschaft zeichneten sich ab: Im Januar 1951 wurden Zucker- und Mehlmarken eingeführt, es gab nur minderwertige, aber teure Produkte. Es folgten plötzliche Preiserhöhungen bei Konsumgütern, die bei Lebensmitteln bis zu 200 Prozent erreichten. Dies bewirkte ein Sinken des Lebensstandards unter das Vorkriegsniveau. Unzufriedenheit machte sich bei den Arbeitern bemerkbar. Nur die Parteifunktionäre in ihren Luxusvillen mit Personal und verhängten Dienstautos mit Chauffeur merkten nichts davon. Sie hatten ja ihre „Parteiläden“, wo sie fast alles umsonst kaufen konnten.
Stalin, Stalin, Stalin, dröhnte es ununterbrochen im wahrsten Sinne des Wortes im ganzen Land aus den Tausenden Lautsprechern, die in den Strassen der Städte und Dörfer installierten wurden.

Eines Tages verstummte plötzlich alles! Aus dem Radio und den Lautsprechern ertönte Trauermusik. Die Menschen waren von Terror und Angst so abgestumpft, dass sie sich nicht trauten, nach dem Grund zu fragen, obwohl sie im Innersten hofften, dass die herumschwirrende Nachricht wahr sei. Zwei Tage später wurde es offiziell bestätigt: Stalin, der beste Schüler

Lenins, der weise Führer des sozialistischen Lagers war tot!
Da geschah etwas, worauf niemand gefasst war. Als erste im sozialistischen Lager spürten die Berliner Arbeiter instinktiv den Wegfall des Geistes der Unterdrückung. Sie getrauten sich am 17. Juni 1953, keine drei Monate nach Stalins Tod, gegen die schlechten Arbeits- und Lebensbedingungen in der DDR zu protestieren. Spontan kam es zu einer großen Demonstration, mit der die Ostpolizei nicht fertig wurde. Es kam zu Tätlichkeiten und Übergriffen. Nachdem die Polizei eingegriffen hatte, forderten die Demonstranten die Abdankung der SED-Führung und der Regierung. Diese rief daraufhin die sowjetische Besatzungsmacht zur Hilfe, und die russischen Panzer richteten ein Blutbad an und schlugen den Arbeiteraufstand nieder. Nicht vergessen sei, dass noch während der Demonstrationen ein gewisser Brecht sich über die Arbeiter lustig machte. Er schrieb ein Stück mit dem Titel „Die Plebejer proben den Aufstand", worin er sich über die Arbeiter spöttisch äußerte. In vorauseilendem Gehorsam verfasste er einen Brief an die SED-Führung, in welchem er sich bereit erklärte, in eine bestimmte Öffnung aller ZK-Mitglieder zu kriechen, wenn sie ihn nur weiterhin theaterspielen ließen.
Wie in Berlin kam es auch in anderen Städten der DDR zu Unruhen, die blutig niedergeschlagen wurden. Auch in der Tschechoslowakei gab es Arbeiterproteste gegen Lohnkürzungen und die schlechte Versorgungslage.
In Budapest begann ein anderer Wind zu wehen: Ein ideologischer! Während es Parteimitglieder gab, die mit Tränen in den Augen den Tod des „genialen Führers und Vaters aller Völker" beklagten, fühlten die meisten Menschen, darunter viele Parteimitglieder, Erleichterung, sogar Freude. Eine Episode ist für diese Zeit bezeichnend. Die Bevölkerung wurde zu einer Trauerkundgebung für Stalin mobilisiert, auch die Studenten der Universitäten. Üblicherweise konnte man sich solchen Aufforderungen nicht entziehen, ohne dafür zur Verantwortung gezogen zu

werden. Aufpasser der Partei notierten die Namen der Abwesenden. Die meisten Teilnehmer erhielten Fahnen oder Tafeln in die Hand gedrückt, die am Ende bei der Rückgabe abgezählt wurden.
Auch zu Stalins Trauerfeier wurden Tafeln mit Parolen und rote Fahnen, versehen mit Trauerschleifen, an die vor der Universität Versammelten verteilt. R erhielt eine Tafel mit der Aufschrift „Wir vergessen dich nicht". Die Menge hätte sich dem großen Demonstrationszug anschließen sollen, der in Richtung Heldenplatz unterwegs war. Kaum aber hatte sich der Zug in Bewegung gesetzt, merkte R, dass viele aus der Reihe traten und die Tafel oder die Fahne an eine Hauswand lehnten oder in eine Telefonzelle stellten und verschwanden. Ohne die geringste Angst folgte R diesem Beispiel. Zur größten Überraschung aller wurde am nächsten Tag niemand zur Verantwortung gezogen. Das war ein gutes Zeichen. Es gab Parteimitglieder, die tagelang Trauerflor trugen und Tränen in den Augen hatten, wenn vom Tod Stalins gesprochen wurde. Aber im Allgemeinen war eine große Erleichterung zu spüren, die jedoch weder ausgesprochen noch gezeigt wurde. Angst beherrschte noch immer die Gemüter. Die Genossen in Ungarn aber waren durch Stalins Tod derart paralysiert, dass sie den Machtwechsel, der sich sowohl in Moskau als auch in Budapest abzeichnete, nicht bemerkten. Andernfalls hätten sie die Veränderung nicht wortlos hingenommen, als plötzlich wie aus heiterem Himmel die Nachricht einschlug, dass während einer Sitzung des ZK der Partei ein schon vergessen geglaubter Mann, ein gewisser Imre Nagy, den Genossen einen Reformplan vorlegte, dessen Inhalt angeblich schwerwiegende Vorwürfe gegen die bisherige Parteiführung und die Regierung enthielt. Es dauerte nur ein paar Tage, bis es Gewissheit wurde.

IV.

Am 21. Juni 1953, kaum drei Monate nach Stalins Tod, vier Tage nach dem Berliner Arbeiteraufstand, als in der DDR noch die Rachejustiz tobte und aufständische Arbeiter standrechtlich erschossen, gehängt oder eingekerkert wurden, verkündete ein bisher unauffälliger ungarischer Politiker namens Imre Nagy[1] vor dem Zentralkomitee der Kommunistischen Partei sein neues Programm. In seiner nunmehrigen Eigenschaft als Ministerpräsident unterbreitete er dieses am 4. Juli 1953 dem ungarischen Parlament, ohne es vorher mit der Moskauer Führung abgestimmt zu haben. Das vorgelegte Programm wurde einstimmig angenommen und widersprach in allen seinen Punkten der großangelegten Rede von Mátyás Rákosi[2], die dieser einige Wochen vorher, vermutlich unter dem Schock über Stalins Tod, im alten stalinistischen Stil von sich gegeben hatte. Dieser alte Moskowiter betonte, wie übrigens die gesamte linke Presse im Westen, die „Festigung des sozialistischen Lagers, die Planerfüllung, den erreichten hohen Lebensstandard, die Notwendigkeit der weiteren Wachsamkeit gegenüber den Imperialisten" und dergleichen. Er war ja auch Stalins bester Schüler.

[1] Wer war Imre Nagy (1896-1958)? Kommunist der ersten Stunde. Teilnahme an der Räterepublik 1919, Emigration in die Sowjetunion, dort nahm er verschiedene Posten im Komintern ein, spezialisierte sich auf Agrarprobleme. 1945 Rückkehr aus Moskau, wurde Landwirtschafts-, dann Innenminister. Wurde als Vater der Landreform gepriesen. Kam 1949 wegen der zu schnellen Kollektivierung mit der Partei in Konflikt und wurde daraufhin aus dem ZK ausgeschlossen. Widmete sich der Wissenschaft und lehrte an der Universität. Wurde 1953 von den Sowjets unterstützt und leitete als Ministerpräsident eine neue Ära ein. 1955 wegen „Rechtsabweichung" von den Sowjets und Rákosi gestürzt. 1956 Ministerpräsident der Revolutionsregierung. 1958 wegen Hochverrats gemeinsam mit mehreren mitangeklagten Kommunisten zum Tode verurteilt und am 16. Juni hingerichtet. Die westlichen Linken haben sich nicht für ihn eingesetzt, ihn total verschwiegen und vergessen.

[2] Wer war Rákosi? Vom Jungkommunisten zum Absolventen der Ostakademie Wien (heute Gebäude der US Botschaft) und Kommissar der Räterepublik 1919. 1925 als Agent des Komintern trotz Protesten der internationalen Linken zu lebenslanger Haft verurteilt. 1940 Ausreise in die Sowjetunion. 1945 Rückkehr und Beginn der sukzessiven Machtübernahme durch seine „Salamitaktik". Gab sich als Stalins bester Schüler aus und benahm sich auch so. Von 1949 bis 1953 unumschränkter Diktator des Sozialismus. 1956 Abwahl von allen Ämtern und Flucht in die Sowjetunion, wo er, ohne jemals zurückzukehren, 1976 starb.

Die Parlamentsrede von Imre Nagy ging als das „Juniprogramm“ in die ungarische Geschichte ein. In diesem Programm zeigte der frischgebackene Ministerpräsident alle bisherigen Fehlleistungen der Partei und der Regierung auf und hob besonders die Brutalität jener Maßnahmen hervor, mit welchen gegen das Volk und das Land im Zuge des sozialistischen Aufbaues vorgegangen worden war. Das Pogramm hatte im Wesentlichen folgenden Inhalt:

- „Vor der Regierung stehen große und verantwortungsvolle Aufgaben:

- Die Wiedergutmachung der in der Vergangenheit gemachten schweren Verfehlungen, die Wiederherstellung der Rechtsordnung und der Legalität.

- Wir müssen ehrlich zugeben, dass das erstrebte Ziel des angestrengten Fünfjahresplanes unsere Kräfte in vieler Hinsicht überfordert hat und dass die Verwirklichung dieses Zieles die Grundlagen unseres Wohlstandes gefährdete - ja, wir müssen zugeben, dass dadurch unser Lebensstandard in letzter Zeit gesunken ist.

- Die Regierung wird die volkswirtschaftliche Planung hinsichtlich Produktion und Investitionen überprüfen und wird Vorschläge zwecks Reduzierung der Vorgaben unterbreiten. In unserer Wirtschaftspolitik müssen wir eine Richtungsänderung in der Hinsicht vornehmen, dass wir die Produktion in der Schwerindustrie wesentlich reduzieren und dass mehr Gewicht auf die Leicht- und Lebensmittelindustrie gelegt werden muss.

- Zur ungünstigen Entwicklung der Landwirtschaft hat zweifellos der Umstand beigetragen, dass das Tempo der Kollektivierung übertrieben wurde, was wiederum dazu führte, dass ein Teil der Genossenschaften sich mangels entsprechender Voraussetzungen weder auf dem Gebiet der Produktion noch organisatorisch verbessern konnte. Es ist allgemein bekannt, dass unsere landwirtschaftliche Produktion überwiegend auf Einzelbetrieben beruht und dass die vorgekommenen Übergriffe und die Verletzung der Freiwilligkeit unter den Landwirten zu ernsten Unruhen geführt haben. Die Regierung erachtet das Einbremsen der Kollektivierung für richtig und notwendig und wird es unter Einhaltung der strikten Freiwilligkeit ermöglichen, dass diejenigen Genossenschaftsmitglieder, die ihr Glück eher als Einzelbauern zu finden glauben, mit Ende des Wirtschaftsjahres aus der Genossenschaft austreten können. Darüber hinaus wird die Regierung es zulassen, dass Genossenschaften aufgelöst werden, wenn die Mehrheit der Mitglieder das will.

- - Eine der dringendsten Aufgaben der Regierung wird die Festigung der Rechtsordnung und der Legalität sein. Unsere Behörden haben oft die verfassungsmäßigen Regeln, die Rechte, welche persönliche Freiheit und die Sicherheit der Staatsbürger garantieren, nicht eingehalten. Das System der Internierung wird aufgehoben und alle Internierungslager werden aufgelöst. Damit will die Regierung erreichen, dass die Amnestierten und Internierten nach Hause zu ihren Familien und in die Gesellschaft zurückkehren können.

- - Die Situation der Deportierten[1] ist so zu lösen, dass es ihnen ermöglicht werden muss, frei zu entscheiden, wo sie sich niederlassen wollen.

-

[1] Ab 1949 wurden unerwünschte Personen, wie hohe Beamte, Offiziere oder Politiker des Vorkriegsregimes, d.s. „klassenfremde Elemente" aus den Städten, besonders aus Budapest aufs Land zwangsumgesiedelt, wo sie unter unmenschlichsten Bedingungen, in aufgelassenen Schweineställen oder Erdlöchern untergebracht wurden und in den Genossenschaften arbeiten mussten. Die so frei gewordenen Wohnungen und Häuser wurden von den Mitgliedern der neuen Klasse, wie leitenden Beamten, Polizisten und Offizieren des Staatsicherheitsdienstes besetzt.

- - In Religionsfragen müssen wir viel Geduld aufbringen. Administrative Maßnahmen, welche bis jetzt auf diesem Gebiet vorgenommen wurden, sind unzulässig.

-

- Das Führen von Kulakenlisten[1] wird untersagt.

-

- Obwohl von den 300 Abgeordneten des Parlaments 60 Mitglieder des Zentralkomitees waren und der Rest aus treuen Parteifunktionären bestand, die von der Partei aufgestellt wurden, waren nach dieser Rede fast alle wie vor den Kopf gestoßen, verstört, unschlüssig und verstanden ihre Welt nicht mehr. Sie begriffen wohl, dass Fehler eingestanden werden mussten, dass die Internierungslager aufgelöst werden sollten und der Lebensstandard der Bevölkerung angehoben werden musste. Aber wie sollte das vor sich gehen? War der bisher eingeschlagene sozialistische Weg falsch, dann hatten sie sich von Anfang an geirrt. Und wenn dem so war, war die Theorie oder die Praxis falsch – oder beides? Laut Marx ist der Sozialismus Demokratie für das Proletariat und Diktatur für die Bourgeoisie. Letztere wurde bereits seit Jahren aus dem öffentlichen Leben verdrängt, enteignet und wirtschaftlich und auch politisch entmachtet. Warum wurde der Klassenkampf innerhalb der Partei fortgesetzt und, wie sich jetzt herausstellte, gegen das Volk geführt? Ist Sozialismus mit „Demokratie für alle“ nicht vereinbar? Wie soll Sozialismus gemacht werden, damit er akzeptiert wird? Das fragten sich alle. Nicht nur Genossen.

- Am darauf folgenden Tag wurde der volle Text der Rede von Imre Nagy, das „Juniprogramm“, vom offiziellen Parteiorgan „Szabad Nép“, das heißt „Freies Volk“, veröffentlicht.

---

[1] In den Kulakenlisten wurden die Namen jener reichen Bauern des Dorfes registriert, gegen die verschiedene administrative Zwangsmaßnahmen vorgenommen wurden, von der Verhaftung oder Zwangsenteignung bis zur Vertreibung aus dem Dorf. Das Wort selbst wurde aus dem Russischen übernommen. Jeder Bauer, der mehr als 25 Morgen Ackerland besaß, war „Kulak“ und kam auf die Liste. (25 Morgen waren ca. 10 Hektar, wobei ein Morgen Weingarten fünf Morgen Ackerland entsprach).

Diese Nachricht schlug wie eine Bombe ein! War es doch seit Marxens Kommunistischem Manifest das erste Mal, dass es durch eine an der Macht befindliche Kommunistische Partei zur Bankrotterklärung des Sozialismus kam.

Nicht einmal alle ZK-Mitglieder wussten davon, dass zehn Tage vor dem Verkünden des Juniprogramms die engere Parteiführung nach Moskau beordert worden war. Hier wurde besonders Rákosi, der beste Schüler Stalins, von der Moskauer Führung heftigst kritisiert und getadelt. Ungarn stünde vor dem Bankrott, lautete der Vorwurf, und es müssten Sofortmaßnahmen ergriffen werden.

Man muss sich aber gleichzeitig vergegenwärtigen, dass seit Stalins Tod innerhalb der Kommunistischen Partei der Sowjetunion im wahrsten Sinn des Wortes Kopflosigkeit herrschte. An die Stelle von Stalin trat eine Kollektivführung, bestehend aus dem bisher unbekannten Malenkow als Primus inter Pares, dem Innenminister und Chef des NKWD (Vorläufer des KGB) Berija, der kurz darauf erschossen wurde, dem Außenminister Molotow, dem späteren Staatspräsidenten Mikojan, dem Chefideologen Kaganowitsch und Nikita S. Chruschtschow, der kaum drei Jahre später mit seiner Rede am XX. Parteikongress der KPdSU Geschichte schreiben sollte. Aber schon damals polterte er „Wenn Sie nicht sofort radikale Änderungen der gegenwärtigen Situation vornehmen, werden Sie mit der Mistgabel aus dem Land vertrieben“[1]. Ahnte er schon damals, was 1956 in Ungarn geschehen würde?

Es ist kein Zufall, dass die Wahl, diese Veränderungen durchzuführen, auf Imre Nagy fiel. Er drängte sich nie nach vorne, nahm den Mund nicht voll und machte den Eindruck eines bescheidenen, seriösen Universitätsprofessors.

Den Worten folgten Taten. Schon im September 1953 wurden die Arbeitsnormen gelockert und siehe da: auf einmal erschienen annehmbare Konsumgüter, wie Kleider,

[1] Aus „Imre Nagy on Communism“ F. Praeger, 1957, New York

Textilien und Schuhe. Auch die Versorgung mit Lebensmitteln besserte sich wesentlich. Die Konzentrationslager wurden schrittweise aufgelassen und die Gefangenen entlassen oder von ordentlichen Gerichten abgeurteilt. Das Amt für Staatssicherheit wurde aufgelöst und in die Polizei eingegliedert. Der Chef des Staatsicherheitsdienstes und viele seiner Mitarbeiter, Folterknechte und Schläger, wurden verhaftet und zu langjährigen Haftstrafen verurteilt. Die Zwangsabgaben der Bauern wurden gemindert.

Zusammenfassend kann gesagt werden, dass die Jahre 1953/54 mit der Verwirklichung des Juniprogramms erfüllt waren. Die Bevölkerung sah einen Silberstreifen der Hoffnung am Horizont und zögernd entstand eine Art Aufbruchstimmung. Für diese Zeit der Erleichterung ist ein Situationsbericht der Parteileitung „Szabad nép" vom 9. September 1954 über die Kinos, Theater, Lokale und Vergnügungsstätten von Budapest charakteristisch: „...die Orchester spielen ungehemmt amerikanische Nummern von ins Land geschmuggelten Schallplatten, die jungen Leute kleiden sich auch danach und die Besucherfrequenz dieser Vergnügungsstätten übersteigt das Zehnfache der Budapester Bevölkerung" - als wären die Verfasser des Berichtes neidisch oder eifersüchtig oder einfach nur zornig, dass sich die Menschen etwas freier benahmen oder zumindest glaubten, es zu tun.

Nur die Schriftsteller ließen seit dem Juniprogramm nicht locker. Sie spürten die Unruhe in der Gesellschaft, trotz intensiver Beschwichtigungsversuche der Partei. Die politischen und wirtschaftlichen Spannungen nahmen zu. Die sich um den Schriftstellerverband versammelnden Intellektuellen, zumeist arrivierte, alte und junge Kommunisten, reagierten äußerst heftig auf die aufgezeigten Missstände in der Landwirtschaft. Besonders die Verelendung der Bauern schmerzte sie sehr. Als einige Schriftsteller 1954 während und nach der Erntezeit ausgedehnte Informationsreisen in die Dörfer unternahmen und erschrocken feststellen mussten, dass das Leben in den Dörfern noch schlimmer war, als angenommen, kam es zu einer Spaltung zwischen den Parteimitgliedern. Denn ein Teil von ihnen wollte oder konnte die Tatsachen noch immer nicht wahrnehmen. Selbst alte Haudegen der Partei berichteten aber, dass die Felder brach lagen und verwilderten[1], dass der Mais verfault auf den Feldern stehen gelassen wurde und dass in den Dörfern Not und Elend herrschte. Nach langem Zaudern begannen auch die Bauern zu reden und gaben an, dass dafür die unerträglich hohen Ablieferungen und die Planwirtschaft verantwortlich seien. Es wurde der Anbau von Pflanzen befohlen, z.B. Baumwolle, die nicht heimisch sind und die hier nicht gedeihen. Daher ließen viele Bauern ihre Felder und ihr Hab und Gut einfach zurück und flüchteten wegen den unerfüllbaren Abgabepflichten in die Anonymität der städtischen Großbaustellen. Die geplanten Vorgaben der Behörden bewirkten absurde Situationen: Eine vorgegebene Menge Weizen musste angebaut und die Ernte bis auf das letzte Körnchen zu festen Preisen abgeliefert werden. All das unter Androhung hoher Kerkerstrafen. Mehl zur Versorgung der eigenen Familie mit Brot musste zu ebenfalls festen aber dreimal höheren Preisen zugekauft werden. Nach dem ersten Jahr waren die meisten Bauernhöfe fast bankrott. Der Bauer verließ entweder seinen Hof oder schloss sich einer aus ideologischen Gründen subventionierter Genossenschaft an. Die Kulakenfamilien wurden namentlich in einer sog. Kulakenliste geführt. Nach sowjetischem Muster wurden viele in der Nacht mit Lastwagen abgeholt und 50-60 Kilometer weiter einfach auf die Straße gesetzt. Bis sie in ihre Dörfer zurück kamen, war ihr Hof beschlagnahmt, ihr Hausrat, ihr Vieh verschwunden. Oft wurden solche Familien, als sie nach Tagen versuchten, ihr Dorf wieder zu betreten, von der Polizei daran gehindert. Die meisten kamen erst gar nicht zurück.

[1] Die Weingärten von Tokaj, wo der weltberühmte Tokajer Wein herstammt, waren von Unkraut überwuchert und die uralten Stöcke verwilderten.

- In der Literaturzeitung „Irodalmi ùjság" erschienen Artikel und viele Gedichte, die - zur allergrößten Freude von Imre Nagy -, über diese Zustände auf dem Land nicht nur berichteten, sondern sie auch in scharfen Worten anprangerten.
- So wurde die Literaturzeitung, „Irodalmi újság"[2] zu einer Art Aufdeckblatt im sozialistischen Lager. Sie erlebte einen unglaublichen Aufschwung und hätte in mehrfacher Auflage erscheinen können, wenn sie genügend Papier zugewiesen bekommen hätte. Die Achse Schriftstellerverband - Imre Nagy entstand.
- Ein sommerliches, nicht politisches, aber gesellschaftlich hochbrisantes Ereignis erregte 1954 Aufsehen und gab vielen, besonders den Schriftstellern, Anlass zum Nachdenken: Das erfolgreiche und zu Recht vielgerühmte Fußballteam Ungarns verlor das Weltmeisterschaftsfinale 1954 gegen Deutschland 3:2. Das kam einer nationalen Katastrophe gleich! Tausende Menschen rotteten sich auf den Straßen zu einen Demonstrationszug zusammen. Der Zorn der Massen richtete sich gegen den Teamchef, dem vorgeworfen wurde, er habe, anstatt einen Publikumsliebling zu nominieren, dem Team einen ihm nahestehenden Spieler aufgezwungen, und das sei der Grund der Niederlage gewesen. Der Demonstrationszug bewegte sich durch die Stadt. Zuerst zum „Haus des Sportes", von dort zur Wohnung des Teamchefs. Steine flogen und Fensterscheiben wurden zerschlagen. „Nieder

---

[2] Die Literaturzeitung „Irodalmi újság" wurde 1951 nach sowjetischem Vorbild gegründet. Sie sollte die kommunistischen Schriftsteller zusammenhalten, damit die Literatur ein Teil des Klassenkampfes werde. Bis zu Stalins Tod erfüllte sie auch dese Aufgabe. Aber nach dem sog. Juniprogramm durchging sie eine Katarrhsis und wurde sie zum Sprachrohr der Erneuerung, der Opposition um Imre Nagy. Sie verwarf den Stalinismus, meinte aber damit den Marxismus und somit den damaligen Sozialismus, denn etwas anderes konnten die Schriftsteller nicht bieten. Sie und ihre Mitarbeiter waren ständig auf der Suche nach dem „Gral", wobei ihnen die Freiheit des Volkes immer vor Augen war. Das weltweit Einzigartige an dieser Zeitung war, dass sie in ihrer fast 40-jährigen Existenz nur 6 Jahre in Ungarn erschien, von 1956 bis zur Proklamation der freien ungarischen Republik im Jahre 1989, dem entgültigen Sturz des Kommunismus, jedoch in der Emigration. Sie verkörperte bis zu ihrer letzten Nummer den unauslöschbaren Drang des Menschen nach Freiheit, Demokratie und Humanität. Sie war seelische Nahrung der Jugend von damals und blieb es bis zur letzten Nummer, nachdem sie ihre Aufgabe erfüllt hatte.

mit XY, dem Teamchef!" wurde skandiert. Die Demonstranten zogen weiter zur Redaktion des Sportblattes. Unterwegs wurden viele Auslagen und Fensterscheiben zertrümmert. (Autos nicht, denn die gab es im Sozialismus kaum). Vor der Redaktion wurden Tausende aus dem Sportblatt gedrehte Fackeln entzündet und der Rücktritt des Teamchefs gefordert. Die Polizei und der alarmierte Innenminister waren ratlos. So etwas hatte es im sozialistischen Lager noch nicht gegeben: eine nicht von der Partei organisierte Demonstration! Die Polizisten zögerten mit ihrem Einschreiten, weil sie innerlich mit den Demonstranten fühlten. Erst am nächsten Tag gelang es einer Sondereinheit, die Menge zu zerstreuen. Einige Randalierer wurden verhaftet, sonst geschah nichts. Obwohl die Zeitungen auf Befehl der Partei nicht über dieses Ereignis berichten durften, erfuhr das ganze Land davon. Die Menschen mussten sich aber wieder um die Bewältigung ihres Alltags kümmern und so verlor das Thema Fußball bald an Bedeutung, sie haben die Demonstration dennoch nicht vergessen!

- Kaum wurde die Produktion in der Schwerindustrie, (darunter ist die direkte und indirekte Waffenproduktion zu verstehen), etwas zurückgeschraubt, kamen schon die ersten Warnungen aus der Sowjetunion. Dort erschrak die gesamte Kollektivführung vom sich abzeichnenden Erfolg des ungarischen Experiments. Und das durfte es nicht geben, denn Vorbild konnte nur die Sowjetunion sein! Eine andere Erklärung hatte man nicht dafür, dass die ungarische Parteiführung gleich zu Neujahr 1955 nach Moskau beordert wurde. An der Sitzung im Kreml, am 8. Januar, sollte Imre Nagy noch nicht seinen Rücktritt erklären, sondern anfangs nur einsehen, dass er ein „Rechtsabweichler" sei und daher Selbstkritik[3] üben

[3] Die Selbstkritik gehörte auch zum Ritual der politischen Religion des Sozialismus. Wenn sich jemand gegen die Bewegung, die Partei oder gegen die Führer „versündigt" hatte, konnte er mit Verzeihung rechnen, wenn er öffentlich Selbstkritik übte - eine perverse Art öffentlicher Beichte, in der er sich für schuldig erklärte und bereute. Dann erhielt er die „Absolution" der Partei und des jeweiligen Generalsekretärs.

musste. Und da geschah wieder etwas, was im Sozialistischen Lager noch nie - und schon gar nicht vor russischen Genossen - vorgekommen war: Imre Nagy verweigerte die Selbstkritik! Der alte gestandene kommunistische Revoluzzer, der alle Stürme des Komintern überstanden hatte und der sich über die Folgen einer Weigerung im Klaren war, meinte, er sehe für Ungarn keinen anderen Weg, als den eingeschlagenen. Außerdem hätte er im vollen Einverständnis mit allen, zum Teil auch hier Anwesenden gehandelt und sehe daher keinen Grund, Selbstkritik zu üben. Der erfahrene Politiker erfasste es vielleicht als erster, dass nach Stalins Tod kein widerspenstiger Parteiführer mehr eingesperrt wurde oder spurlos verschwand.

- Nachdem die ZK-Delegation aus Moskau zurückgekehrt war, erfolgte ungehend die Revanche der Konservativen. Dazu kam noch, dass Imre Nagy schwer erkrankte und dadurch für mehrere Wochen außer Gefecht war. In dieser Zeit schmiedete Rákosi seinen Racheplan. Er „überzeugte" das Zentralkomitee von der „Rechtslastigkeit" des eingeschlagenen Weges und stempelte Nagy zum Parteischädling.
- Ende Februar 1955 erschien in Budapest der russische Parteiideologe Suslow wie ein Vorbote düsterer Ereignisse. Er verhandelte mit Imre Nagy, konnte ihn aber nicht überzeugen, von seinem „Rechtskurs" Abstand zu nehmen. Kurz darauf, am 2./3. März 1955, wurde eine ZK-Sitzung der Partei einberufen. In dieser Sitzung fiel ein Beschluss, den man als dialektische Fehlleistung der Dogmatiker bezeichnen könnte und der für sie im späteren Verlauf der Ereignisse, katastrophale Folgen haben sollte. Das ZK sah in der Zunahme des „Rechtsruckes" den Erfolg der politische Arbeit der Partei gefährdet. Imre Nagy wurde als „Repräsentant des Rechtsopportunismus" verurteilt. Am 14. April beschloss dasselbe ZK, das ihn vor zwei Jahren zum Ministerpräsidenten gekürt hatte, ihn wegen seiner antimarxistischen Haltung und parteifeindlicher Tätigkeit aus dem Politbüro und dem ZK auszuschließen und ihn

von allen Parteifunktionen zu entheben. Gleich darauf, am 18 April, wurde Imre Nagy vom eilig einberufene Parlament seines Amtes als Ministerpräsident enthoben. Ein bisher unbekannter Höfling namens Hegedüs nahm seine Stelle ein und unterschrieb einen Monat später den „Warschauer Vertrag“[4].

- Die Ablöse von Imre Nagy löste im ganzen Land Empörung aus. Die Schriftsteller und die Jugend wollten das nicht zur Kenntnis nehmen.
- Nach der Ablöse von Imre Nagy versuchte die neue KP-Führung das Ruder herumzureißen. Auf fast allen Gebieten kam es wieder zu Restriktionen und Verboten und der Versuch unternommen, die Zensur wieder einzuführen.
- Auch R bekam den rauen Wind des Jahres 1955 zu spüren. Anfangs (1954) wurde er als Parteiloser Assistent am Lehrstuhl für Politische Ökonomie mit offenen Armen aufgenommen. Seine Arbeit „Dialektik in Theorie und Praxis“[5] löste allgemeine Zustimmung aus. Dann aber, nach dem Sturz von Imre Nagy, missfiel den Konservativ-Reaktionären die Arbeit und sie wurde eingestampft und R vom Institut gefeuert. Er war froh, nicht gänzlich von der Universität ausgeschlossen worden zu sein.
- Hier muss von einem nachhaltig prägenden Schlüsselerlebnis des R berichtet werden: Die in vielen Millionen Exemplaren vorliegende „Geschichte der KPdSU“ war zwingender Ausgangspunkt jeder philosophischen, ökonomischen oder politischen Fragestellung auf dem

---

[4] Der „Warschauer Vertrag“, ein Freundschafts- und Zusammenarbeitspakt mit der Verpflichtung zur gegenseitigen Hilfeleistung wurde als Reaktion auf den NATO Vertrag aus 1949 betrachtet. Es stellt sich aber die Frage, warum erst nach sechs Jahren reagiert wurde? Eine nicht von der Hand zu weisende Vermutung ist, dass dieser Pakt eine der Voraussetzungen für das Zustandekommen des Österreichischen Staatsvertrages war. Bis dahin wurde der Aufenthalt russischer Truppen in Ungarn und Polen damit begründet, dass die Nachschublinien für die Besatzungstruppen gesichert werden mussten. Beim Wegfall dieser Notwendigkeit hätten die russischen Truppen aus Ungarn abziehen müssen! Ein weiterer Grund für das Zustandekommen des Paktes war der Beitritt der Bundesrepublik Deutschland zur NATO am 9. Mai 1955.

[5] Unter anderem ging es um die These: Der Kampf der Gegensätze als Motor des Fortschritts. Darin wurde auf die Gefahr einer Sozialentropie hingewiesen, sollte die sozialistische/kommunistische Gesellschaftsordnung verwirklicht werden. Es müsste gegengesteuert werden. Z.B. durch Freigabe der indexierten Literatur und Philosophie..

Gebiet der Kunst, der Medizin, der Technik, der Wirtschaft und der Jurisprudenz. In einem Seminar, an dem auch ein hochrangiger sowjetischer „Berater“ teilnahm (wohlgemerkt: Stalin war bereits mehr als ein Jahr tot), stellte R an diesen die Frage, wie „die Liquidierung der Kulaken“ in einer Passage der „Geschichte der KPdSU“ zu verstehen sei. Sei damit die Liquidierung der Kulaken als Klasse oder die physische Liquidierung gemeint? Die lakonische Antwort lautete: Beides! Nach Wiederholung der Frage war die Antwort dieselbe. Seitdem hat R ein zugegebenermaßen ziemlich gestörtes Verhältnis zu jeglicher sozialistischen „Theorie“. Mag diese noch so „demokratisch“ oder gut gemeint sein.

- Die zurück gekehrten alten Kommunisten konnten jedoch die Entwicklung nicht mehr rückgängig machen. Immer mehr Stimmen wurden laut, welche die Rehabilitierung der hingerichteten Kommunisten forderten. Besonders die Rehabilitierung von Rajk und seinen Genossen. Davon wollte die neue Parteileitung jedoch nichts wissen. Doch in Versammlungen und besonders in Artikeln und Beiträgen der Literaturzeitung bestanden immer mehr Prominente immer energischer darauf. Der Schriftstellerverband schloss sich den Ideen von Imre Nagy immer enger an und bildete so eine nicht deklarierte Opposition, der sich immer mehr Menschen aus Wissenschaft und Kunst anschlossen. Aufgrund des Juniprogramms von 1953 wurden immer mehr frühere Genossen und Freunde, Verwandte und Bekannte aus den Gefängnissen und Konzentrationslagern entlassen. Diese erschienen an ihren früheren Arbeitsplätzen, in Parteiorganisationen und in Zeitungsredaktionen. In persönlichen Gesprächen erfuhren die Schriftsteller und Journalisten von den furchtbaren Erlebnissen, von den Folterungen, den Qualen, dem Martyrium, dem diese Leute während ihrer Haft ausgesetzt waren. Anfangs traute man seinen Ohren nicht, doch als immer mehr Prominente, Journalisten, Schriftsteller, frühere Minister und befreundete Politiker aus dem Inferno auftauchten und davon zu erzählen begannen, wie sie mit brutalen Schlägen und ausgeklügelten physischen und psychischen Foltermethoden zu den bereits vorbereiteten Geständnissen gezwungen worden waren, fielen so manchem die Schuppen von den Augen. Ein bekannter und engagierter kommunistischer Paradeschriftsteller, der nach der Niederschlagung der Revolution flüchten musste und seit dem in Paris lebt, schrieb über diese Zeit in seinen Erinnerungen: „Als wir tief in unsere Seele blickten, stellten wir fest, dass wir uns nicht vor den Neuankömmlingen aus den KZ`s und Kerkern fürchteten, sondern vor uns selbst. Jawohl, vor uns selbst, denn als wir ihnen das erste Mal gegenübersaßen und mit ihnen sprachen, überkam uns ein Gefühl, als säßen wir unserem eigenen Gewissen gegenüber. Wir Kommunisten haben auf alle, die am Aufbau der neuen Gesellschaft nicht mitmachen konnten oder wollten, arrogant und überheblich herabgeblickt und sie für minderwertig gehalten. Denn wir waren überzeugt, dass nur wir fähig seien, in die Zukunft zu sehen! Erst jetzt wurde uns klar, dass das eine fatale Anmaßung war! Denn wir stehen vor den Trümmern dieser, von uns angeblich vorausgesehenen und jahrelang gepriesenen Zukunft, über die wir auch noch geschrieben haben. Nun stellte es sich heraus, dass wir gelogen haben, dass wir uns selbst etwas vorgelogen haben. Wir begannen uns für all das zu schämen, was wir geschrieben oder nicht geschrieben haben. Wir schämten uns dessen, dass, während wir uns als die Helden der Freiheit und der Vernunft ausgegeben haben, wir zum Werkzeug einer gnadenlosen Macht degradiert wurden. Einer Macht, die wir selbst heroisiert und deren Führer wir vergöttert haben. Wir schämten uns vor unseren Familienangehörigen, Freunden und Bekannten und schließlich vor der ganzen Nation, denn wir haben sie alle in unserer Überheblichkeit für rückständig erklärt, um sie eines Besseren zu belehren. Und jetzt stellte es sich heraus: sie hatten recht! Wir schämten uns, weil wir wussten, dass uns diese Schande ein Leben lang begleiten wird. Doch plötzlich spürten wir, dass wir etwas tun müssten, sonst würden wir ersticken! Die moralische

Leidenschaft, die uns seinerzeit in die Partei führte, die jahrelang verloschen schien, flammte wieder auf. Wir wurden neugierig, was geschah, und wollten die ganze Wahrheit erfahren. Denn wir wollten das niemals wiedergutzumachende wiedergutmachen, wie einer unserer Kollegen es in einem seiner Gedichte ausdrückte. Und wir zogen die Konsequenzen so schnell, dass wir selbst erschraken. In dieser Atmosphäre verschwand auch die kleinste Spur der gestrigen oder vorgestrigen Zerrissenheit: die Unterscheidung zwischen links und rechts." Diese Worte der Erläuterung beschrieben signifikant die Katarrhsis, welche nicht nur die linken Intellektuellen, sondern das Ganze Land durchmachte.

- Durch diese Erkenntnis kam es zur Versöhnung unter den ungarischen Schriftstellern, in deren Innerem gleichzeitig eine Welt zusammenbrach - eine Welt, die man sozialistisch nannte, die nichts anderes darstellte, als die Verwirklichung des vollkommenen Sklaven-Staates. Aber nicht nur die Schriftsteller, sondern die meisten Menschen hatten keine Illusionen mehr und erkannten, dass ihre einzige Hoffnung Imre Nagy hieß.
- Nun holten die alten „Stalinisten" zum Schlag gegen die Schriftsteller aus: Jeder Schriftsteller, der Parteimitglied war, wurde vor das ZK zitiert. Dort wurde jeder einzeln aufgefordert, mit seiner Unterschrift die Zustimmung zum Beschluss des ZK vom März 1955 zu bestätigen. Dies hieß aber nichts anderes, als dass er mit der Ablöse von Imre Nagy einverstanden war. Nach reiflicher Überlegung formulierten die Schriftsteller und Journalisten eine Antwort, die lautete: „Als Parteimitglied halte ich den Beschluss für mich verpflichtend, ich kann jedoch mit ihm nicht einverstanden sein". Diese sich ständig wiederholenden Antworten brachten die Parteiführung in Weißglut. Als Folge davon wurden einige Redakteure fristlos entlassen. Aber mit den Schriftstellen konnten sie nicht so einfach umgehen, man konnte nicht alle einsperren und ihnen den Prozess machen. Die ständigen Zurechtweisungen durch die Partei bewirkten ein noch

stärkeres Zusammenrücken der Schriftsteller und formten sie zu einer verschworenen Kraft, die gegen das „neue“ ZK Stellung nahm. Das war beispiellos im sozialistischen Lager. Das erhabene Gefühl, das Volk stehe hinter ihnen, gab den Schriftstellern und Journalisten jene Sicherheit, mit der sie auftraten. Der beste Beweis dafür war der Erfolg ihrer Zeitschrift „Irodalmi újság“, „Literaturzeitung“, deren Exemplare den Kolporteuren von vorwiegend jungen Menschen noch druckfrisch aus den Händen gerissen wurde. Es entstand ein förmlicher Schwarzmarkt der Zeitschrift.

- Ein kritisches, scharf formuliertes Gedicht wurde Auslöser einer heftigen, mit Verbalinjurien gespickten Kontroverse zwischen dem Autor des Gedichtes und einem Parteibonzen. So wie viele andere erfuhr auch der Chefredakteur der Literaturzeitung von dieser Auseinandersetzung. Er ergriff die Gelegenheit und veröffentliche das umstrittene Gedicht. Die Reaktion darauf ließ nicht lange auf sich warten. Die Literaturzeitung wurde beschlagnahmt! Das hatte es noch nie im Sozialismus gegeben: Eine von Kommunisten herausgegebene und redigierte Zeitschrift wurde wegen eines Gedichtes eines kommunistischen Dichters von einem kommunistischen Minister konfisziert! Darüber erbost, suchte der Schriftstellerverband ein Gespräch mit der Parteiführung und verlangte eine Erklärung. Nachdem dieses Gespräch von der Partei mit den fadenscheinigsten Ausreden immer wieder verschoben wurde, demissionierte der Vorstand des Verbandes und erstattete darüber der Parteileitung einen schriftlichen Bericht. Die Parteileitung tobte, denn so etwas war noch nie vorgekommen. Der Vorstand wurde aufgefordert, seinen Platz wieder einzunehmen. Doch dieser war nur unter bestimmten Bedingungen dazu bereit. So verlangte er die Einleitung einer Untersuchung und eine offizielle Verurteilung der Beschlagnahme der Literaturzeitung sowie den Rücktritt des Ministers. Die Partei wollte davon nichts wissen und lehnte ab.

- Nach mehrwöchiger Vorbereitungsarbeit wurde für Anfang November 1955 eine dringende Mitgliederversammlung der Parteiorganisation des Schriftstellerverbandes einberufen. An dieser nahmen offiziell auch einige prominente Mitglieder der Parteiführung teil. Kurz vor Beginn der Tagesordnung bat ein schmächtiges, älteres, aber sehr bekanntes Mitglied um die Erteilung des Wortes. Aufgrund des Ansehens seiner Person, wurde ihm nach kurzem Zögern das Wort erteilt.
- Dieses Mitglied war ein feinfühliger Parteidichter, zweifacher Staatspreisträger und schon vor dem Krieg Mitglied der Kommunistischen Partei. Nachdem er sich erhoben hatte, sah man es ihm an, dass er seine Emotionen unterdrückte und sich sehr zurückhielt. Mit leiser, gedämpfter Stimme begann er einen Text vorzulesen:
- „Gemeinsam mit allen Parteimitgliedern haben wir Schriftsteller, Künstler und Journalisten die Beschlüsse des Juniprogramms 1953 mit Freuden begrüßt. Diese Beschlüsse haben die antidemokratischen Methoden der Gewalt, der unbegründeten administrativen Interventionen und des Herumbefehlens ein und für allemal aus unserem politischen Leben verbannt, aber sie sind noch immer in Kraft. Bedauerlicherweise mussten wir feststellen, dass einige Parteiorgane und Funktionäre die alten Methoden wieder anwenden. Obwohl dem ZK die administrativen Gewalttaten bekannt sein müssten, scheint es trotzdem angebracht, auf einige besonders auffällige Vorfälle hinzuweisen: Im letzten Halbjahr wurden zwei Redakteure der Literaturzeitung abgelöst; das Erscheinen der Werke mehrerer bekannter und engagierter Schriftsteller und Dichter wurde verhindert; in einigen Fällen wurde der Versuch unternommen, die Zensur wieder einzuführen; mehrere Theaterstücke wurden von übereifrigen Funktionären vom Spielplan abgesetzt. Höhepunkt dieser Entwicklung war die Beschlagnahme der Literaturzeitung.

- Wir protestieren gegen diese antidemokratischen Methoden und ersuchen die Parteiführung, diese Maßnahmen in Zukunft zu unterbinden.
- Budapest, am 18. Oktober 1955“
- In der kurzen Pause, die der Dichter hielt, dachten alle, er spreche für sich allein – aber warum im Pluralis Majestatis? Da begann er, tief Atem holend, an die 40 Namen[5] prominenter Künstler aus Literatur, Theater, Film und Musik aufzuzählen, darunter viele Staatspreisträger und Publikumslieblinge. Die eintretende gebannte Stille wurde von einem nicht enden wollenden begeisterten Applaus abgelöst.

In der darauffolgenden Woche forderte die Partei alle Unterzeichner auf, ihre Unterschrift zurückzuziehen. Dies gelang ihr teilweise mittels finanzieller oder beruflicher Erpressung. Nur die Schriftsteller und Journalisten blieben hart. Und so wurde ihr Bruch mit der Partei perfekt. Die Schriftsteller und Dichter ahnten nicht, dass sie mit dieser Tat, mit ihrem sog. Memorandum, die Wegbereiter der späteren Jewtuschenkos, Mrozeks, Kohouts und Havels waren.

---

[5] Unter diesen befanden sich auch Name und Unterschrift des nach Wien geflüchteten Schriftstellers und Journalisten György Sebestyén, der mit seinen Büchern und Übersetzungen, aber hauptsächlich mit seinen Theaterkritiken in der Kronen Zeitung auf sich aufmerksam machte.
György Lukács, der linke Paradephilosoph, nahm die für ihn typische Haltung ein: Er verweigerte die Unterschrift aus parteidisziplinären Gründen, betonte aber, mit dem Inhalt des sog. Memorandums vollkommen einverstanden zu sein.

V.

Die vom Parteiführer Rákosi gegen die aufmüpfigen Schriftsteller geführten öffentlichen Angriffe, verbunden mit Drohungen und Repressalien, wurden von allen als Rückschlag in der politischen Entwicklung des Landes empfunden. In dieser gespannten Situation wirkte die aus Moskau eingelangte Nachricht über den im Februar 1956 abgehaltenen XX. Kongress der Kommunistischen Partei der Sowjetunion wie ein Paukenschlag. Die gefassten Kongress-Beschlüsse, so schien es, bestätigten das Juniprogramm 1953 von Imre Nagy und das im Herbst 1955 veröffentlichte Memorandum der ungarischen Schriftsteller, Wissenschaftler und Künstler. Aufhorchen ließ der Beschluss des Kongresses, demzufolge aus dem Kapitalismus nicht nur ein Weg, der sowjetische, zum Sozialismus führen kann. Da kam auch schon die noch größeres Aufsehen verursachende Meldung über die am 25. Februar von Nikita Chruschtschow in einer geheimen Sitzung des Kongresses gehaltene sog. „Geheimrede". In dieser Rede gab er unumwunden Stalin und dem mit seiner Person verbundenen Personenkult die Schuld für die blutigen Verbrechen der 30-er und 40-er Jahre. Trotz Geheimhaltung sickerte diese Rede durch und das ganze Land sprach nur noch vom XX. Kongress und der Rede Chruschtschows. Der seit dem Memorandum in der Presse geführte lockere Ton wurde immer schärfer und die von Imre Nagy angeführte Opposition fühlte sich bestätigt und bekam immer mehr Zulauf aus der Bevölkerung. In diesem Stadium rückten die Probleme aus Politik und Wirtschaft immer stärker in den Mittelpunkt der Diskussionen. Die Parteijugend erfasste am schnellsten die Situation und rief Anfang März 1956, unter der Schirmherrschaft ihrer eigenen Jugendorganisation (DISZ), eine anfangs lose Runde ins Leben, die sich einerseits aus aktiven Parteimitgliedern aus Politik, Wissenschaft und Kunst, anderseits aus der seit 1948 verstoßenen Elite und aus Interessenten der Universitäten bildete. Zweck dieser ins Leben gerufenen Runde war, einem größeren Publikum die

Gelegenheit zu bieten, außerhalb der Parteigremien die Thesen des XX. Kongresses auf breiterer Basis zu diskutieren. Der Kreis entwickelte sich unter dem Namen „Petöfi Kör"[1], das heißt „Petöfi Kreis", zu einer Institution der vorrevolutionären Jugend, so wie seinerzeit anno 1848. Auch seitens der Bevölkerung fand der Kreis große Zustimmung und wurde von der Presse kommentiert und begeistert begrüßt. Er wurde zur Plattform für die sich um Imre Nagy versammelte Opposition aus Wissenschaftlern, Künstlern und den vom ZK der Partei geächteten Schriftstellern.

Die erste öffentliche Veranstaltung des Kreises hatte den Titel „Volkswirtschafts- Debatte". Anfangs zeigten sich nur Parteimitglieder, aber im späteren Verlauf kamen immer mehr parteilose Fachleute und Interessenten in den Saal. So auch R, der nach seinem Rauswurf aus dem Institut für Politische Ökonomie wieder Interesse für Politik zeigte. Während dieser Sitzung spürte man in der Öffentlichkeit zum ersten Mal die Wirkung des XX. Kongresses, denn die Beiträge wurden immer mehr zu Forderungen. So zum Beispiel, dass die statistischen Daten veröffentlicht werden sollten, der Fünfjahresplan zu revidieren sei, die Preisbildung transparent gemacht werden müsse und in der Wirtschaft die klassische Ökonomie wieder zur Geltung kommen sollte. Nach der Debatte, es war schon spät in der Nacht, kam es zur heftigsten Diskussion, an die sich R noch heute gerne erinnert. Es tauchte die Frage auf, ob in der Volkswirtschaft überhaupt geplant werden könne, denn wer bestimme die Bedürfnisse der Bevölkerung? Und nach welchen Kriterien würden die Planvorgaben erstellt? Machten das die Partei und ihre Theoretiker? Diese maßten sich an, zu bestimmen, was der Mensch zu essen, zu trinken oder anzuziehen habe und was das Land

[1] Benannt nach dem größten ungarischen Dichter Sándor Petöfi, dessen Vater Serbe und dessen Mutter Slowakin war, und der zu den geistigen Anführern der Revolution 1848 gehörte. Bis zum Zerfall des Sozialismus 1989 war alles, was die Tätigkeit des Kreises betraf, verboten. Selbst heute wird in der offiziellen Geschichtsschreibung die Bedeutung des Kreises vernachlässigt. Deswegen wird hier dem Thema „Petöfi Kreis" mehr als nur geschichtliche Aufmerksamkeit gewidmet.

benötige. Wenn das wissenschaftlich berechenbar und voraussehbar wäre, dann könne etwas nicht stimmen, denn es sei jahrelang danebenproduziert worden, wie nun die Erfahrung zeige.

Wie und mit welcher Methode sollte der Kapitalismus überholt und dadurch besiegt werden? Die Antwort wurde nicht gefunden, aber damit war sie nicht vom Tisch.

Auf die volkswirtschaftliche folgte die „Geschichte-Debatte".

An jenem Abend gab es keine Vortragenden, die Themen wurden vom Publikum vorgegeben und dann diskutiert. Die Geschichtsschreibung der letzten Jahre müsse revidiert werden, war die Hauptforderung. Die Parteigeschichte sei zu überprüfen und neu zu schreiben. Die Fachleute, Historiker und Studenten verwiesen auf die Fälschungen und wollten über deren Gründe diskutieren. In diesem Zusammenhang kam es zum ersten Mal zur Sprache, dass auch die Sozialdemokratie eine positive Rolle in der Geschichte gespielt habe. Ein anderer stellte fest, dass es auch fortschrittliche Habsburger auf dem ungarischen Thron gegeben habe, nicht nur Unterdrücker. Abschließend kamen alle Anwesenden, auch die Fachleute und Professoren, zu der Ansicht, dass die marxistische Geschichtsauffassung, d.h. der historische Materialismus, versagt habe, weil alles andere eingetreten sei, nur nicht das, was hätte eintreten müssen. Damit war auch Hegels Dialektik passé.

Am 16. Juni 1956, R hatte seine letzte Staatsprüfung hinter sich, kam es zur „Philosophie-Debatte", bei der György Lukács[2] von den Anwesenden frenetisch begrüßt wurde. Von der Freudenkundgebung war er sichtlich gerührt.

---

[2] György Lukács war der linke Paradephilosoph, der alle Stürme in der Moskauer Emigration überlebt hatte, der aber jetzt von der eigenen Partei gemieden wurde, weil er sich hinter Imre Nagy und die aufständische Jugend stellte. Seine Werke über die marxistische Ästhetik (eine contradictio in **subjectum**!) wurde zur „Bibel" westlicher Linksintellektueller, die nicht merkten, dass er kein Pragmatiker, sondern ein Opportunist war. Kurioserweise wurden seine Werke auf Deutsch in Ostdeutschland, nicht aber in Ungarn gedruckt und veröffentlicht.

Bei diesem Treffen wurde zum ersten Mal von vielen die Dominanz der marxistischen Philosophie kritisiert und die Zulassung idealistischer Philosophien gefordert - wenn auch nur in kritischer Form. R, der an dieser Debatte teilnahm, hatte den Eindruck, dass sein 1955 beschlagnahmter und eingestampfter Aufsatz jetzt voll bestätigt wurde. Das erfüllte ihn innerlich mit etwas Genugtuung. Doch die Debatte entwickelte sich nicht in die Richtung, die er sich erhofft hatte, denn sie wurde zur Auseinandersetzung zwischen den alten und den jungen Marxisten, wobei letztere die Interpretierung des „echten“ Marxismus für sich in Anspruch nahmen. Keiner von ihnen hatte aber eine Vorstellung davon, was unter „echt“ zu verstehen sei. Jedenfalls führte diese Debatte zu einer Erschütterung der marxistischen Philosophie. Später wurde in kleineren Kreisen weiter diskutiert und junge Menschen, unter ihnen auch R, stellten an Lukács die Frage, ob der Marxismus als Grundlage des wissenschaftlichen Sozialismus nicht doch eine Utopie sei, da er in Ungarn, nach fast acht Jahren Aufbau, versagt habe. Professor Lukács meinte, während er ununterbrochen an seiner Zigarre schmauchte, es sei vieles falsch gemacht worden, aber trotz dieser Fehler liege die Zukunft der Gesellschaft im Sozialismus. R hatte das Gefühl, dass dieser sehr gescheite und gutmütige Professor ein Träumer in Abstraktionen war. Mit dieser Meinung stand er nicht allein. Seit dieser Debatte, erinnert sich R, glauben die Marxisten noch immer, den rettenden Ausweg in der Unterscheidung zwischen Stalinismus und „echtem“ Marxismus gefunden zu haben. Diese Bedauernswerten merken bis heute nicht, dass sie seither nicht nur einer Utopie, sondern auch einer konstruierten Fiktion nachlaufen. Bei Verfehlungen der Linken wird diese Unterscheidung von ihnen immer als Ausrede verwendet. Und zwar sowohl von östlichen als auch von westlichen Linken, von denen aber nicht unbedingt alle Marxisten sein müssen.

Einige Tage später kam es zu einem Treffen zwischen den jungen und alten Parteikämpfern und Intellektuellen. Die

Debatte hatte keinen Titel, rief aber später bei der Presse und der Bevölkerung die bisher größte Aufmerksamkeit hervor. R wollte dieses Treffen nicht besuchen, weil er sich nicht angesprochen fühlte. Ein Studienfreund überredete ihn aber, zu der schon seit mehreren Stunden andauernden Debatte mitzugehen. Angeblich sei die Stimmung einer Explosion nahe. Und wirklich! R und sein Freund konnten nicht mehr in das Gebäude, weil nicht nur der Saal überfüllt war, sondern auch der Gang und das Stiegenhaus. Die Leute, es konnten etwa 5-6000 gewesen sein, standen bereits auf der Straße. Clevere Organisatoren hatten in aller Eile straßenseitig Lautsprecher angebracht, um die sich Hunderte Menschen scharten. Die Stimmung im Saal erreichte ihren Höhepunkt, als sich die Frau des 1949 hingerichteten László Rajk, die nach fünf Jahre Einzelhaft entlassen worden war, zu Wort meldete. Nachdem sie ihren Leidensweg geschildert hatte, sagte sie: „Die Verbrecher haben nicht nur meinen Mann ermordet und mir mein Kind weggenommen, sie haben auch jedes Gefühl und jeden Anstand in diesem Land getötet. Mörder gehören nicht kritisiert, sondern bestraft. Ich werde solange keine Ruhe geben, solange diejenigen, die das Land ruiniert, Tausende Menschen vernichtet und Millionen ins Unglück gestürzt haben, nicht bestraft werden."

Alle waren tief gerührt. Die Stille wurde durch Rufe nach den Verantwortlichen und deren Namen unterbrochen. Immer mehr Stimmen forderten die Rehabilitierung von Rajk. Die Stimmung der heftig geführten Diskussion ergriff auch die Zuhörer auf der Straße. Rhythmisch wurden die Namen der Schuldigen gefordert. R wurde das Gefühl nicht los, dass etwas in Gang gesetzt wurde, das nicht mehr aufzuhalten war. Er wusste noch nicht, dass er bei dieser Versammlung Zeuge eines Vorgangs war, in dem sich bereits der Geist der bevorstehenden Revolution zeigte. Besorgt sah sich R nach einer Fluchtmöglichkeit um, denn zum ersten Mal befürchtete er den Einsatz der Staatspolizei. Aber nichts dergleichen geschah und die

erregte Menge zerstreute sich erst in den späten Nachtstunden.
Vermutlich aufgrund seines früheren politischen „Fehltrittes“ wurde R zur sommerlichen Reserveoffizier-Ausbildung nicht einberufen. Er hatte seine Versetzung nach M schon in der Tasche, doch verschob er seine Abreise um einen Tag, als er von der bevorstehenden sog. „Presse-Debatte“ erfuhr. An dieser beabsichtigten viele seiner Freunde und Bekannten teilzunehmen.
Unter dem Jubel der Teilnehmer ergriff in der hitzigen, fast kampfbetont geführten Debatte der allseits bekannte und beliebte Schriftsteller Tibor Déry[3] das Wort und forderte die sofortige Abschaffung der Zensur. Von anderen Diskutanten wurde die in der Verfassung garantierte Pressefreiheit verlangt. Viele Journalisten bekannten reumütig ihre Verfehlungen, die sie in der Vergangenheit begangen hatten, und versprachen feierlich, sich in Zukunft auf die Seite des Volkes zu stellen. Als Déry wieder zu Wort kam, klangen seine Sätze wie die Katarrhsis eines Enttäuschten. Er warf dem Regime vor, dass die Menschen ihrer Persönlichkeit beraubt worden seien und dem Individuum, der Person, die Freiheitsrechte noch immer vorenthalten würden. Jeder habe das Recht, andere zu kritisieren. Die anwesenden Konformisten wurden verurteilt. Als Déry die sofortige Wiedereinsetzung von Imre Nagy forderte und Stimmen laut wurden, dass Rákosi abtreten und verschwinden solle, ging der Wirbel erst richtig los. R hatte wieder das Gefühl, dass jetzt der vielzitierte Geist aus der Flasche freigelassen würde, der nicht mehr zurückgedrängt werden könne.

[3] Tibor Déry, aus gutbürgerlicher Familie stammender, auch international bekannter kommunistischer Schriftsteller, wurde mit seinem Buch „Der unvollendete Satz“ bekannt. (Der Roman ist mit Manés Sperbers „Wie eine Träne im Ozean“ vergleichbar) Er hatte immer Schwierigkeiten mit den Stalinisten. Wegen seines Verhaltens vor, während und nach der Revolution wurde er im November 1957, im sog. Schriftsteller- Prozess, mit anderen bekannten Schriftstellern zu neun Jahren Haft verurteilt. Wie sich später herausstellte, protestierte keiner der westlichen Linken, nicht einmal die Jünger der Frankfurter Schule, die Déry sehr gut kannten. Nur der Internationale PEN Club und die unabhängige Presse empörten sich über den Prozess und verlangten die sofortige Freilassung der Schriftsteller!

Um ein besseres Verständnis für die Stimmung dieser ereignisvollen Zeit zu bekommen, muss abermals darauf hingewiesen werden, dass im Mittelpunkt jeder Diskussion die Aussagen des XX. Parteikongress der KPdSU standen. Besonders die Rede des neuen Sekretärs Chruschtschow wurde laufend zitiert. Denn in dieser Rede verwarf er das Stalinsche Dogma, demzufolge sich mit der Festigung der Proletardiktatur der Klassenkampf verschärfe. Diese Theorie, behauptete Chruschtschow, sei nichts anderes als die Bestätigung der Ideologie des Terrors. Auch stimme die dogmatische Auffassung nicht, so Chruschtschow weiter, wonach das Proletariat sich die Macht mittels Waffengewalt erkämpfen müsse. Sie könne diese nämlich auch auf parlamentarischem Weg erreichen. Die Rede Chruschtschows wurde vom Parteiorgan „Szabad nép", aber auch von allen anderen Zeitungen groß herausgebracht und wortwörtlich zitiert. Die Schriftsteller nahmen die Aussagen des Kongresses und die Rede des neuen Parteisekretärs mit Erleichterung auf und sahen sich und Imre Nagy bestätigt. Ein neues Gefühl überkam sie: Sie fürchteten sich nicht mehr vor einer Verhaftung.
Das Staunen der Bevölkerung wurde zur Empörung, als die Geheimrede von Chruschtschow in den Zeitungen veröffentlicht wurde. Es wurden alle Details über die Hinrichtungen, die Konzentrationslager, den Terror und den Völkermord beschrieben. Der Höhepunkt in dieser Auseinandersetzung wurde erreicht, als aus Italien die kritische Stellungsnahme Togliattis[4], des Führers der größten Kommunistischen Partei Westeuropas, die Runde machte. Dialektisch stellte Togliatti fest, dass die Gräueltaten nicht alleine auf den Personenkult zurückgeführt werden könnten. Wenn eine marxistische

[4] Togliatti Palmiro (1893-1964), zu dieser Zeit Generalsekretär der Italienischen KP, wurde nach dieser schockierenden Aussage von der Prawda und der KPdSU scharf angegriffen und übte anschließend - nicht das erste Mal - Selbstkritik.
Selbst jetzt nahmen die Linken Europas Togliattis präzise, aber gleichzeitig warnende Worte nicht zur Kenntnis. Erst ab 1958 begannen sich die Sozialistischen Parteien Westeuropas von Marx zu verabschieden. Die sog. Eurokommunisten taten dies bis heute nicht.

Erklärung gesucht werde, könne der logischen Folgerung nicht ausgewichen werden: Die Gräuel lägen im System selbst! Das war starker Tobak! Und die Wirkung auf die Schriftsteller blieb nicht aus. Diejenigen, die bereits seit längerem die Wurzel der Fehler in der Konstruktion selbst suchten, fanden Togliattis Gedankenzug sehr geistreich und hielten ihn für richtig. Jedenfalls erhielten die Schriftsteller dadurch Aufwind und konnten sich so auf die Ereignisse in Polen konzentrieren und diese analysieren.
Am 28. Juni 1956 fand ein heute vermutlich schon von vielen längst vergessener, blutig niedergeschlagener Aufstand der Arbeiter in Posnan-Posen statt. Die Arbeiter der Lokomotivfabrik demonstrierten für höhere Löhne. Dieser Demonstration schlossen sich auch Arbeiter anderer Betriebe an. Die gegen sie ausgerückte Polizei wurde von den Arbeitern entwaffnet, anschließend das Gefängnis geöffnet und das Gebäude der Staatspolizei gestürmt. Die Regierung setzte die Armee ein, die das Feuer auf die Demonstranten eröffnete. Es gab fünfzig Tote und mehrere hundert Verwundete. Die Kommunistische Parteileitung demissionierte und der kurz zuvor aus dem Gefängnis entlassene Kommunist Gomulka wurde als Parteichef eingesetzt.
In Moskau müssen damals die ersten Sturmglocken geläutet haben, denn plötzlich tauchte in Budapest eine sowjetische Delegation mit Mikojan an der Spitze auf. Dieser setzte Rákosi, der gerade die Verhaftung von 400 zumeist rebellierenden Schriftstellern vorbereitete, kurzerhand ab. Worauf dieser umgehend das Land verlassen musste, um nie wieder zurückzukehren.

Zu seinem größten Bedauern musste R das brodelnde Budapest verlassen und seinen zugewiesenen Posten als Konzipient in M antreten.

VI.

Der Sommer 1956 hatte große Veränderungen gebracht. Die Diskussionen im „Petöfi Kreis“ zeigten Wirkung. Die Geschlossenheit, mit der die Schriftsteller und Journalisten gegen den verrotteten Parteiapparat auftraten, imponierte allen und man fühlte sich mit ihnen solidarisch. Auch der Stil der Zeitungen änderte sich radikal. Der aggressive Ton gegen den Westen verschwand allmählich und auf allen Gebieten des Lebens war die Wirkung des XX. Parteikongresses zu spüren. Die „herrschende Klasse“ wurde verunsichert und zeigte Auflösungserscheinungen. Wesentlich zu dieser Atmosphäre trug der Umstand bei, dass Österreich frei und neutral wurde und der berüchtigte „Eiserne Vorhang“ samt den Minenfeldern demontiert wurde. Zum Erstaunen vieler kam es zu keiner Massenflucht! Die früher harsch befehlenden Genossen wurden leiser und unsicher und der Parteiapparat wirkte paralysiert: Die alte Garde wagte sich in dieser neuen Atmosphäre nicht mehr zu Wort zu melden. Und wenn sie es tat, dann in einer umständlichen Sprache, wodurch man merkte, dass ihr die neue Richtung nicht passte. Doch ob es ihr passte oder nicht, sie musste es zur Kenntnis nehmen und sich damit abfinden, dass ihre Macht im Sinken begriffen war. Die Unfähigkeit zur Reflexion war die eigentliche Bankrotterklärung des Systems. Besonders in jenem Augenblick, als sie die alle Fragen radikal lösende Terrororganisation, die Staatspolizei, nicht mehr in Anspruch nehmen konnten und der von allen gehasste Diktator Rákosi abdanken musste.

Von diesen Ereignissen beeindruckt, fuhr R nach Beendigung seines Studiums nach M. So wie alle Absolventen wurde auch R vom zuständigen Fachminister für zwei Jahre zwangsversetzt. So kam R nach M zurück, wo er seinerzeit maturiert hatte und begann mit Eifer und Freude in einer Anwaltskanzlei als Konzipient zu arbeiten.

Auch hier in M war das Leben, wie überall im Lande des sozialistischen Aufbaues, durch die Zwecklosigkeit des Daseins gekennzeichnet, und sehr viele flüchteten sich in

den Alkohol. Sinnlose Saufereien und durchzechte Nächte füllten das Leben. Die Jüngeren klammerten sich an die Jazzmusik[1] des Senders AFN („This is Music USA") und an die Jazznachmittage von Radio Novisad. Die Älteren träumten von der Vergangenheit. Erst zehn Jahre später in Wien wurde dieses Gefühl der Zwecklosigkeit und der Leere von einem begnadeten Kabarettisten[2] - nicht von Linksintellektuellen der Frankfurter Schule eines Adorno - beschrieben:
„Im Gegensatz zum Kapitalismus ist im Sozialismus alles umsonst. Man kommt in einer Klinik umsonst zur Welt. Man geht in den Kindergarten umsonst. Die Schule ist auch umsonst, die Universität umsonst. Man geht auf Urlaub umsonst. Man kriegt im Alter eine Pension und alles andere ist umsonst. Und wenn man am Sterbebett liegt und das Leben Revue passieren lässt, kommt man erst drauf, dass man umsonst gelebt hat."
Und der Film Ninotchka von Ernst Lubitsch mit Greta Garbo in der Hauptrolle war keine Komödie, sondern Realität und bitterer Ernst!
Nach der Verkündung des Juniprogramms traten viele Bauern aus den Kolchosen aus und wirtschafteten so erfolgreich, dass die Bevölkerung mit Nahrungsmitteln versorgt werden konnte. Die Planvorgaben in den Betrieben wurden reduziert und es gab zur Beruhigung der Arbeiter kleinere Lohnerhöhungen. Doch das Gefühl, total verwaltet und verbürokratisiert zu sein, führte zur Abstumpfung und einem Gefühl der Aussichtslosigkeit unter den Menschen. Auslandsreisen gab es nur für Privilegierte und Parteibonzen, die mit ihren Frauen nach London, Paris oder Wien auf Einkaufstouren gingen, sich im Ausland kurieren ließen oder Urlaub machten.

[1] Besonders die Jugend fand im Jazz eine geistige Brücke zur Freiheit. Die Musiksendungen machten auf sie einen größeren Eindruck als jede Nachricht oder jeder politischer Kommentar. Viel dazu beigetragen haben auch die vor allem von Sportlern ins Land geschmuggelten Schallplatten, die von Hand zu Hand gingen und deren Nummern durch erstklassige Klavierspieler in den Espressos verbreitet wurden. Historiker und Politologen haben diesen Tatsachen in ihren Analysen zu wenig Bedeutung beigemessen.

[2] Karl Farkas

Private Verbindungen mit dem Ausland wurden zensuriert. Westliche Zeitungen und Magazine gab es nicht und Leute die sie lasen wurden beobachtet.
Jetzt hatte die Partei andere, viel größere Sorgen!
Obwohl die zwischen 1949 und 1953 hingerichteten Kommunistenführer feierlich begraben und teilweise rehabilitiert wurden, beruhigten sich die Gemüter nicht. Besonders in den diversen zumeist von Kommunisten geleiteten „Petöfi Kreisen" wurden Stimmen laut, die forderten, man solle die Leute zur Verantwortung ziehen, die diese Verbrechen begangen hatten.
Nicht nur im Zentralkomitee rumorte es, sondern auch in den Parteiorganisationen der verschiedenen Betriebe und Institutionen. Besonders in der Parteiorganisation des Schriftstellerverbandes kam es seit dem Juniprogramm 1953, dem Memorandum vom Herbst 1955 und der Beschlagnahme der vom Verband herausgegebenen Literaturzeitung „Irodalmi ujság" zu keiner Ruhe. Die Parteiorganisation des Verbandes stellte sich mit dem Motto „Wiedergutmachen, was nicht wieder gut zu machen ist" offen gegen die offizielle Politik der Partei. Die früher so begeisterten linken Intellektuellen erwachten aus ihren Träumereien und standen vor einem schwerwiegenden Dilemma. Zurück wollten und konnten sie nicht, denn das, was sie als Sozialismus kennen gelernt hatten, mochten sie nicht mehr. So begannen sie sich von neuem an eine Utopie zu klammern, die später als der "dritte Weg" bezeichnet wurde. Zwar wusste wieder niemand, nicht einmal István Bibó[1], wie und wohin dieser Weg in der Praxis tatsächlich führen sollte. Aber man konnte sich mit dieser Idee betäuben und man konnte wieder träumen und theoretisieren - selbstverständlich alles nur im Interesse des Landes und des Volkes, das wieder einmal nicht gefragt wurde, ob es überhaupt den „dritten Weg"

[1] Istváan BIBÓ (1901-79), Politologe, Univ. Professor und bis zur Machtübernahme der Kommunisten 1949 Politiker der Nationalen Bauernpartei Ungarns. Als Minister der Regierung Nagy behielt er 1956 seine Stellung bis zum Einmarsch der russischen Truppen.

beschreiten wolle. Einig waren sich jedoch alle, die sich um den Schriftstellerverband sammelten, in einem Punkt: Die Tyrannen mussten gestürzt werden! Ihre einzige „Waffe“ war das Organ des Verbandes „Irodalmi ujság“, d.h. die Literaturzeitung, um die sich die noch geistig halbwegs intakten Schriftsteller, Politiker und Wissenschaftler, aber auch einfache Menschen, die das Blatt lasen und alle Leitartikel gierig in sich aufnahmen, versammelt hatten. So auch R und seinesgleichen, die sich durch das Lesen der Zeitung Luft machten, um ihren Frust zu überwinden.

Der Kampf gegen die Tyrannei war ein Kampf für Demokratie und Freiheit. Signifikant für diesen Kampf war, dass er hauptsächlich von Studenten, Jugendlichen und Jungarbeitern initiiert und geführt wurde, die die Freiheit und ihre Institutionen gar nicht kannten! Der Ton der „Irodalmi újság“ war für die meisten jungen Menschen neu, denn obwohl die Zustände im Land und die Parteiführung unbarmherzig bekämpft wurden, war die Wortwahl in den Artikeln auf so hohem Niveau, dass sie jedem literarischen Vergleich standhalten konnten.

R schlug eine Einladung der Studenten der Universität zu einer aktuellen Diskussion aus und besuchte statt dessen lieber einen Literaturabend eines berühmten Dichters[2], der seit der Machtübernahme durch die Kommunisten unterdrückt wurde und in der Versenkung gelandet war. Der Saal war voll und der Abend zog sich in die Länge, die Begeisterung der Menschen wollte kein Ende nehmen und man spürte den Hauch einer spontanen

Demonstration. Die meisten der überwiegend jungen Leute wussten davon, dass die kommunistischen Studenten denn wer hätte sich sonst getraut?) in Budapest eine Sympathiekundgebung für das polnische Volk[3]

---

[2] Es handelt sich um Lörinc SZABÓ, dem vor der kommunistischen Machtübernahme gefeierten Dichter, der provokativ das Podium im Stresemann mit weißem Stecktuch betrat.

[3] Die Freundschaft Ungarn-Polen hat lange Tradition. Im 14. Jh. war der Ungarnkönig Ludwig I.aus dem Hause Anjou auch König von Polen. Der ungarische Fürst Stephan Bàthory war im 16. Jh. ebenfalls polnischer König. Unter beiden Herrschern erreicht Polen seine Blütezeit. Der polnische Freiheitsheld Bem war Befehlshaber der (Forts.n. S.)

und für dessen unlängst aus dem Gefängnis entlassenen Kommunistenführer und Ministerpräsidenten vorbereiteten. Die Zeitungen berichteten darüber. Dass die Studenten der Universität von Szeged bereits Tage zuvor den von den Kommunisten 1949 aufgelösten überparteilichen Bund der Hochschüler (MEFESZ) wieder ins Leben gerufen und ihre Forderungen in 21 Punkten verfasst und verkündet hatten, wusste niemand. Rückblickend kann daher festgestellt werden, dass die Studentenrevolte nicht in Budapest, sondern in Szeged begonnen hat.
Am nächsten Tag, dem 23. Oktober, dem Tag, an dem die Revolution ausbrach, gingen alle wie gewohnt zur Arbeit. Nur die Studenten an den Universitäten und die Parteisekretariate innerhalb und außerhalb der Betriebe hielten eine Versammlung nach der anderen ab, um einen Ausweg aus der Krisensituation zu finden. Und immer ging es um den Sozialismus. Warum hat er versagt? Hat man als Sozialist sein ganzes Leben umsonst gekämpft? Ist Sozialismus nur eine Idee, die in der Praxis ohne Gewalt nicht verwirklicht werden kann? Ist Sozialismus ohne Proletardiktatur nicht möglich? Warum ist das Volk gegen uns? Und wenn all dies stimmt, wie kommen wir aus dieser Sackgasse? Solche und ähnliche Fragen schwirrten in den Köpfen der Funktionäre und sie getrauten sich nicht, eine Antwort zu finden, denn unbewußt hatten sie Angst vor der Wirklichkeit[1]. Die Verwirrung wurde perfekt, als um 10 Uhr

Honvéd während der Revolution 1848/49. Im II. Weltkrieg 1939 flüchteten vor den Deutschen 250.000 polnische Armeeangehörige, als Gäste der ungarischen Armee, über Ungarn zu den Alliierten, obwohl Ungarn Verbündeter Deutschlands war!

[1] Zu dieser Zeit keimte in den Köpfen vieler der Gedanke, dass der Sozialismus versagt habe und niemand das Recht dazu habe, mit Menschenschicksalen zu experimentieren oder im Interesse einer nur theoretisch vorstellbaren glücklicheren Gesellschaft auch nur eine, geschweige denn mehrere nachfolgende Generationen zu benachteiligen, geistig und körperlich zu verkrüppeln und Menschen im Namen dieses Zieles zu foltern, zu ermorden, einzusperren und zu unterdrücken. Und: dass das Sozialisieren der Person und des Eigentums ohne Blutvergießen und Gewaltanwendung nicht möglich ist. Um zu dieser Erkenntnis zu gelangen, brauchten die russischen Kommunisten fast 80; die Ungarn 7 und die Tschechen 20 Jahre. Den linken Intellektuellen der westlichen Hemisphäre reichten dafür nicht einmal die katastrophalen Folgen der letzten 150 Jahre.

vormittags im Radio verkündet wurde, dass die Studenten nachmittags eine Sympathiekundgebung veranstalten werden. Aber um 12 Uhr 53 wurde im Rundfunk verkündet, dass der Innenminister die für den Nachmittag angesetzte Sympathiekundgebung verboten habe. Um 14 Uhr 23 wiederum verkündete derselbe Rundfunk, die Kundgebung dürfe doch stattfinden und der Innenminister habe das Verbot aufgehoben.

Auch in der Parteiorganisation des Eisen- und Stahlwerkes von M ging es zu wie in einem Bienenstock. Auf der rasch einberufenen Betriebsversammlung, an der nur Parteimitglieder teilnahmen, wurden auf der Suche nach Antworten nicht mehr Fragen gestellt, sondern Forderungen formuliert, die in einem aus 21 Punkten bestehenden Aufruf ihren Niederschlag fanden. Der Aufruf sollte am 25. Oktober öffentlich diskutiert werden. Aber die Ereignisse überstürzten sich.

Niemand wusste Genaues, aber alle spürten, dass etwas im Gange war. Darüber grübelnd und diskutierend ging R nach der Arbeit mit einigen Freunden ins Café „Roter Stern“[1]. Hier herrschte an den Tischen eine auffällige Unruhe, Jemand verkündete die Nachricht, in Budapest sei auf die Demonstranten geschossen worden und es habe Tote gegeben. R eilte nach Hause, um mit seiner Freundin in Budapest zu telefonieren. Es gelang ihm jedoch nicht, die Leitung war tot. Auf Anfrage gab die Auskunft bekannt, dass die Leitungen nach Budapest unterbrochen wären. In andere Städte könne man telefonieren, nur nicht nach Budapest. Vor Aufregung und Ungewissheit konnte an Schlaf nicht gedacht werden. Um 4 Uhr 40, es war bereits

---

[1] Hier traf sich die immer nörgelnde, aber passive kleinbürgerliche „Elite“, die nur so dahinlebte und alles tat um zu überleben. Während der Revolution beobachtete sie abwartend, wer gewinnen wird, um sich dann diesem anzuschließen. Was die meisten nach der Niederlage auch getan haben und weiterhin alles versucht haben um zu überleben. Diese Schicht versuchte nach dem 30. Okt. 1956 die Revolution nationalistische umzufunktionieren und die Politik vor 1944 fortsetzen. Sie wurden aber gleich zurechtgewiesen. Die in den Westen geflüchteten setzten diese Bestrebungen, wie gefällig gewesen fort. Dass die Revolution auch eine gesellschaftliche war wurde verschwiegen.

der 24. Oktober, kam aus dem Rundfunk die Meldung, dass faschistische Elemente, gegenrevolutionärer Abschaum und Verbrecher mit Waffengewalt öffentliche Gebäude stürmten und sie besetzten. Im Hintergrund konnte man deutlich Schüsse hören. Diese Meldung wurde mehrmals bis zu den 8-Uhr-Nachrichten wiederholt. Die Schüsse im Hintergrund konnten noch immer wahrgenommen werden, als bekannt gegeben wurde, dass das ZK der Partei dem Staatspräsidium den Vorschlag unterbreitet habe, Imre Nagy zum Ministerpräsidenten zu ernennen. Denselben Imre Nagy, den dieselbe Partei und dieselben ZK Mitglieder, vor mehr als einem Jahr aller seiner Ämter enthoben und ihn sogar aus der Partei ausgeschlossen hatten.

Eine halbe Stunde später wurde im Rundfunk die Verordnung über die Verhängung des Ausnahmezustands[3] verkündet und jeder mit der Todesstrafe bedroht, der die Waffen nicht freiwillig ablieferte, mit der Waffe in der Hand ertappt werde oder Waffen besitze und/oder solche gegen Amtspersonen oder die Staatsordnung gewalttätig anwende. Die 9-Uhr-Nachrichten sendeten die vom Innenminister verordnete Ausgangssperre.

In M dachte niemand daran, dass dies der 2. Tag der Revolution sei. Es war Mittwoch, der 24. Oktober, und während in Budapest die einrückenden russischen Truppen auf heftigen Widerstand stießen und an mehreren Stellen gekämpft wurde, hatte man von alledem in M nur wenig verspürt. Die Straßen waren voll von laut diskutierenden, die Situation erörternden Menschen, und alle waren erbost über das Eingreifen der Russen, aber es kam zu keinen Ausschreitungen oder Gewaltakten. In den Betrieben wurde wie üblich gearbeitet.

[3] Da die Verordnung fast gleichzeitig mit der Ernennung von Imre Nagy im Radio verlesen wurde, hatte man den Eindruck, als sei diese auf seine Initiative zurückzuführen. Radio Free Europe kommentierte die Nachrichten auch in diesem Sinne, was anfangs irritierend wirkte und Empörung hervorrief. Später stellte sich heraus, dass die Anordnung des Ausnahmezustandes nicht von Imre Nagy ausging und er davon nichts wusste, und es gab auch keine Standgerichte, denn die hätte er verhindert.

In der Parteiorganisation des Eisen- und Stahlwerkes wurde auf Grund der Vorkommnisse in Budapest beschlossen, den Aufruf mit den 21 Punkten umgehend mit den Betrieben des Landes zu besprechen und zu veröffentlichen und darüber den neu ernannten Ministerpräsidenten Imre Nagy zu verständigen. Im Stahlwerk wurde kundgemacht, dass sich der Arbeiterrat konstituiere und alle Betriebe wurden aufgefordert, Delegierte zu wählen und diese in den Rat zu entsenden. Damit wurde in M der erste revolutionäre Arbeiterrat gegründet, dem in kürzester Zeit Hunderte folgten.
Der Landesparteisekretär stellte sich auf die Seite des Arbeiterrates und wurde dessen Anführer. Er forderte alle auf, Ruhe zu bewahren und alles zu unternehmen, damit es zu keinen blutigen Auseinandersetzungen komme.
Wie so oft, ging R am Abend des 24. Oktober wieder ins Café. Dort erfuhr er von einem gerade aus Budapest zurückgekehrten früheren Studienkollegen von den dortigen Ereignissen, deren Augenzeuge er geworden war: Am Abend des 23. Oktober brach in Budapest die Hölle aus! Der anfangs verbotenen Studentendemonstration schlossen sich Tausende Menschen von der Straße an und plötzlich war die ganze Stadt auf den Beinen. Es wurden Stimmen laut, die Parteiführer und die Regierung mögen den Zug anführen. Diese bekamen es aber mit der Angst zu tun, die sie schon immer vor dem Volk hatten. Nach mehreren Zwischenstationen teilte sich der Demonstrationszug. Der größere Teil, etwa fünfzig- bis sechzigtausend Menschen, marschierte zum Parlament, um den neugewählten Ministerpräsidenten Imre Nagy zu begrüßen. Der etwas kleinere Teil[4] des

[4] Ein Dritter, ziemlich großer Teil von einigen tausend Menschen marschierte zum Stalin-Denkmal, übrigens dem größten seiner Art auf der Welt, um es zu stürzen. Dem Koloss wurde ein Drahtseil um den Hals gelegt, dessen Ende von schweren Traktoren ruckartig gezogen wurde. Der Koloss rührte sich nicht. Nach einiger Zeit waren Schweißer zur Stelle und durchtrennten in Kniehöhe die Füße des gestiefelten Riesen. Dies wirkte: Er stürzte mit dem Gesicht nach vorne und schlug mit riesigem Krach auf das Pflaster. Vom roten Marmorsockel ragten nur noch zwei riesige Stiefel in den Himmel. (s. Umschlag)

Demonstrationszuges nahm seinen Weg zum Rundfunkgebäude. Hier angekommen, forderten die Studenten lautstark die Verlautbarung der an der Technischen Universität verfassten 16 Punkte im Rundfunk.
Statt dessen ertönte aus den in die Fenster der umliegenden Häuser gestellten Radios die Rede des gerade aus Belgrad zurückgekehrten Parteichefs Gerö. Er nannte die Demonstranten ein faschistisches Pack, gegenrevolutionäre Horden und nationalistische Brunnenvergifter, die nur Unruhe stiften wollten. Die Beschimpfung empörte nicht nur die Demonstranten, sondern ganz Budapest und das ganze Land. Die vor dem Rundfunkgebäude versammelten Menschen kamen in Rage. Aus Abertausenden Kehlen erklang der Ruf: Aufhören, nieder mit Gerö! Die Masse machte Anstalten, in das Gebäude einzudringen. Die Generaldirektorin des Rundfunks beteuerte, laut vom Balkon schreiend, dass weder sie noch irgendjemand im Haus die Übertragung der Rede stoppen könne, weil sie nicht von hier, sondern aus einem ihr unbekannten und geheim gehalten Ort gesendet werde[5]. Dies wurde ihr nicht geglaubt und es entbrannte eine heftige Diskussion, von der nur die vorne stehenden Menschen etwas mitbekamen; weiter hinten hörte man davon nichts, so laut war das Pfeifen und Schreien der Masse. Auch Wortfetzen der noch immer nicht unterbrochenen Rede aus dem Radio vermischten sich in diesem lauten Chaos. Schließlich einigte man sich, dass eine schnell zusammenbewürfelte Delegation ins Gebäude gelassen werden solle, um sich zu überzeugen, dass

[5] Diese kritischen Momente gehören zu den Sternstunden der Menschheit. Aus Verständigungsschwierigkeiten und einem Missverständnis heraus entstand eine weitreichende Revolution. Die Rundfunkleitung sprach die Wahrheit. Das Radiogebäude liegt in der Innenstadt. Die Rede wurde aber aus dem weit entfernten Keller des Parlaments direkt, mit Umgehung des Rundfunks gesendet. Der Redner konnte die Proteste gar nicht hören.

wirklich nicht von hier gesendet werde. Das schwere Holztor wurde einen Spalt geöffnet, um ein paar Leute hinein zu lassen. Die weiter hinten stehenden dachten, der Weg sei frei, und stürmten mit voller Gewalt ins Gebäude. Die Wache, bestehend aus jungen Soldaten der Truppe des Innenministeriums, eröffnete das Feuer. Es gab Tote und Verletzte. Wer den Feuerbefehl gab, konnte bis heute nicht festgestellt werden. Viele der Wachsoldaten wurden mit bloßen Händen erschlagen und die Eindringlinge begannen sich zurück zu ziehen, als ein Armeelastwagen auftauchte, von dem Gewehre und Munition an die Menge verteilt wurden. Nun konnten die Demonstranten zurückschießen. Und sie taten es!

So wurde eine friedliche Demonstration zur Revolution. (Bestätigte sich wieder die Theorie von Acton?)[6] Noch am selben Abend wurde das Zentralkomitee der Partei einberufen. Während der Debatte machte jemand den Vorschlag, man solle russische Truppen zur Hilfe rufen. Wer den Vorschlag machte, konnte nicht genau eruiert werden (Gerö, Hegedüs oder Marosan).[7] Tatsache ist, dass in der Morgendämmerung des 24. Oktober, am 2. Tag der Revolution, russische Panzer in Budapest eindrangen.

Am nächsten Tag, es war Donnerstag, der 25. Oktober und der 3. Tag der Revolution, hatte R eine Verhandlung außerhalb der Stadt und kehrte erst gegen 6 Uhr abends zurück. In der Straßenbahn forderte eine lächelnde Schaffnerin einen jungen Soldaten der Truppe des

---

[6] Siehe Lord Acton „Revolution oder Freiheit“, Stifterbibliothek Salzburg 1950

[7] Gerö äußerte sich nie dazu. Er flüchtete in die Sowjetunion und verschwand in der Versenkung. Hegedüs, der frühere Ministerpräsident, vinkulierte vor den Mitgliedern des Schriftstellerverbandes dieses Recht für sich. Marosan, früherer Sozialdemokrat, dann Mitglied der Kommunistischen Partei, von der er auch eingesperrt wurde, gab 25 Jahre später während einer Diskussion im österreichischen Rundfunk bekannt, er habe keine andere Möglichkeit gesehen, als den Schussbefeh. Jeder schob die Verantwortung auf den anderen. Wer die Russen gerufen hat, ist bis heute ungeklärt. Es ist anzunehmen, dass es einer der Moskowiter war, der zu feige war dies einzugestehen. Die dümmste, aber schwerwiegendste Behauptung war die von Radio Free Europe, wonach Imre Nagy es gewesen wäre. Dies konnte gar nicht der Fall sein, weil dieser zu diesem Zeitpunkt noch aus der Partei ausgeschlossen war! Diese Aussage erschütterte im Weiteren die Glaubwürdigkeit von Radio Free Europe.

Innenministerium auf, den großen roten Stern von seiner Tellermütze zu entfernen, er könne eventuell in der Stadt Schwierigkeiten bekommen. Dabei deutete sie auf ihre Mütze, von der sie den Stern bereits entfernt hatte. Der junge Bursche murmelte verlegen so etwas wie „wenn Sie so meinen“ und riss mit einem Ruck den Stern von der Mütze. In R kam ein sonderbares Gefühl auf. Das jahrelange Warten auf diesen Augenblick löste bei ihm ein erlösendes Lachen aus - kein höhnisches, sondern ein freudiges. R reichte dem Soldaten die Hand und bedankte sich mit ein paar Worten für das, was er getan hatte. Diese Szene in der Straßenbahn war für R die Erfüllung eines lang ersehnten Wunsches: Der rote Stern wurde entfernt! Die Szene war für R auch der symbolische Sieg der Revolution! R verließ die Straßenbahn an der Hauptkreuzung, wo täglich Tausende Menschen umstiegen. Ein Menschenauflauf erwartete ihn beim Aussteigen und neuerlich spielte sich vor seinen Augen eine Szene ab, von der er anfangs nicht wusste, ob er sich darüber ärgern oder ob er darüber lachen sollte: An der Ecke der verkehrsreichsten Kreuzung, vor der Sparkassa, wurde aus Sandsäcken eine brusthohe MG-Stellung aufgebaut, in deren Mitte ein leicht zitternder und bleicher junger Soldat an einem Maschinengewehr kauerte, neben ihm ein zweiter, der die Patronengurte in der Hand hielt. Ein kleiner, etwas rundlicher Hauptmann fuchtelte mit einer Pistole in der Luft herum und forderte die Menschen lautstark auf, nicht stehen zu bleiben und weiter zu gehen. Man stelle sich vor, da wird an der Kreuzung ein MG aufgestellt und niemand solle das bemerken und einfach weiter gehen! Eine absurdere Situation kann man sich kaum vorstellen. Vor lauter guter Laune wusste R nicht, was er tat. Er ging lächelnd zum Hauptmann, stellte sich vor, sagte ihm, wer er sei und meinte, man sollte die Leute nicht reizen, dann würden sie auch nicht gaffen und stehen bleiben. Am gescheitesten wäre es, die Stellung abzubauen. Der Offizier erstarrte. Anscheinend war ihm so etwas noch nie passiert, aber er fuchtelte auch nicht mehr

mit der Pistole herum; er blickte R zornig ins Gesicht und sprach von „Befehl ist Befehl“ und fluchte ordinär.
Eine gewisse Zufriedenheit erfüllte R, als er seinen Weg ins Café “Roter Stern“ nahm, wo ihn seine Freunde und Bekannten aufgeregt begrüßten. Sie informierten ihn sogleich über die Geschehnisse:
Hier in M hatten an diesem Tag, dem 25. Oktober, die Parteiorganisation und die Belegschaft des Stahlwerkes eine Großdemonstration veranstaltet, und um ihren Forderungen Nachdruck zu verleihen, einen Streik von unbestimmter Dauer ausgerufen. An der Kundgebung nahmen einige tausend Arbeiter und Studenten teil. Auch die Kumpel der umliegenden Kohlebergwerke schlossen sich an. Ihr stummes Auftreten - sie trugen Gummistiefel und sagten kein Wort - flößte Respekt ein.
Der Demonstrationszug marschierte durch die Stadt und anschließend zur Technischen Universität, wo die 21 Punkte des Arbeiterrates des Stahlwerkes und die 11 Punkte des Studentenparlaments den Demonstranten vorgelesen wurden. Nach heftigen Debatten bildete sich aus den Delegierten der Betriebe und dem Studentenparlament der revolutionäre Landes-Arbeiterrat. Einer der Vizepräsidenten wurde der Schauspieler N, der Schulfreund von R. Alle Anwesenden mahnten zur Ruhe.
R hörte aufmerksam zu und wollte gerade von seinen Erlebnissen in der Straßenbahn und auf der Straße erzählen, als plötzlich ein aufgeregter Arbeiterführer mit der Nachricht ins Lokal platzte, dass heute am späten Nachmittag, dem 3.Tag der Revolution, vor dem Parlament in Budapest, in die Menge geschossen worden war. Es hatte mehrere hundert Tote und sehr viele Verletzte gegeben[8]. Der Mann berichtete weiter, dass aufgrund

---

[8] Das Massaker vor dem Parlament ereignete sich drei Tage nach dem Ausbruch der Revolution, am 25. Oktober. Am späten Nachmittag wollten friedliche und unbewaffnete Demonstranten den neu ernannten Ministerpräsidenten Imre Nagy vor dem Parlament begrüßen, um ihrer Freude und Sympathie darüber Ausdruck zu verleihen. Die russischen Panzer, die am Vortag zur Sicherung des Parlaments vorfuhren, waren noch immer da.. Sie waren mit ungarischen Fahnen geschmückt und die Menschen unterhielten sich friedlich mit der Besatzung. Der Platz vor dem Parlament war fast voll, als plötzlich (Fortsd.n.S.)

dieser furchtbaren Nachricht eine Gruppe Jugendlicher und Studenten aus M einen LKW requirierte, mit dem sie, voll bewaffnet, nach Budapest aufbrachen. Nach 50 Kilometern wurden sie von Truppen des Innenministeriums aufgehalten und nach kurzem Feuergefecht verhaftet und ins Landespolizeigebäude von M gebracht, wo sie zur Zeit verhört wurden. Alle waren von der Nachricht, die sich wie ein Lauffeuer in der Stadt verbreitete, schockiert.
Tags darauf, es war Freitag der 26. Oktober, der 4. Tag der Revolution, versammelten sich gegen 8 Uhr früh Tausende Menschen auf der Straße. Vom Blutbad vor dem Parlament in Budapest hatten schon fast alle gehört, obwohl der Rundfunk darüber nicht berichtete. Dass Imre Nagy als Ministerpräsident bestätigt wurde, erfüllte die Menschen mit Freude, sie benahmen sich diszipliniert und es kam zu keinen Ausschreitungen. Die Parteizentrale, die am Weg lag, wurde nicht attackiert. Anderswo in der Stadt wurde der Streikaufruf des Arbeiterrates eingehalten und in jedem Betrieb fanden Wahlen zum Arbeiterrat statt - ohne irgendwelche Vorschriften der Partei. Es entstanden spontane Wahlvorschläge und in den Arbeiterrat wurden Parteimitglieder und Parteilose (man fragte nicht danach), Direktoren und einfache Arbeiter gewählt, denn es zählten nur die berufliche Qualifikation und die menschliche

---

ohne jede Vorwarnung - von den Dächern das Feuer mit Maschinengewehren auf die Demonstranten eröffnet wurde. Panik brach aus. In der abendlichen Dämmerung sah und wusste niemand wer geschossen hatte bzw. von wo geschossen wurde. Es gab keine Deckung. Viele suchten sich hinter den russischen Panzern zu verkriechen. Überlebende berichteten (erst nach 1989!), dass die russischen Panzer das MG-Feuer erwiderten. Es gab einige hundert Tote und unzählige Verletzte. Dieser Mord an unschuldigen Menschen wurde fast vierzig Jahre lang vertuscht und verschwiegen. Wo waren die so mutigen Fotoreporter, die das Massaker hätten dokumentieren können? Überall machten sie Bilder von Gräueltaten der Aufständischen, unter deren Schutz sie standen. Ihre „Sensationsfotos“ gingen durch die Weltpresse. Der Mut verließ sie anscheinend, wenn es darum ging, von den Gräueltaten der anderen Seite Bilder zu machen. Hier waren sie unerwünscht und standen unter keinem Schutz! Vom Massaker in Magyaróvár, nahe der Österreichischen Grenze, wo es an die hundert tote Demonstranten gab, wurden keine Fotos gemacht, aber vom Lynchen schon!
Anmerkung: Die Fotos von Gräueltaten der Aufständischen und von den „Budapester Knirpsen“ mit der Waffe in der Hand, die durch die Weltpresse gingen, wurden bei den späteren Gerichtsverhandlungen als Beweismittel der Staatsanwaltschaft vorgelegt und führten oft zu Todesurteilen und Gefängnisstrafen.

Qualität. Bemerkenswert war, dass es nirgendwo zu Gewalttätigkeiten kam und die Wahlen nach demokratischen Regeln, die sonst nicht galten, abgehalten wurden.

Die Menschenmasse erreichte das Polizeigebäude und forderte die Freilassung der am Abend des Vortages inhaftierten Studenten und Jugendlichen.

Es stellte sich heraus, dass bereits am Vorabend und in der Nacht der Vorsitzende des Abeiterrates den Chef der StaPo angerufen und ihn ersucht hatte, die inhaftierten Jugendlichen freizulassen, um die Gemüter zu beschwichtigen. Dieser teilte mit, dass alle bereits frei gelassen worden wären und eigentlich schon zu Hause sein müssten. Nachdem der Arbeiterrat in der Früh von dem Auflauf vor dem Polizeigebäude erfuhr, rief nicht nur dessen Vorsitzender, sondern auch N persönlich den Leiter der StaPo an und bat ihn dringend, die Jugendlichen endlich freizulassen. Dieser versicherte wiederum, dass keiner der Jugendlichen sich mehr im Gebäude befände und alle freigelassen worden seien und er nicht verstehe, was die Leute vor dem Gebäude wollten. Doch man glaubte ihnen nicht. Aufgrund der Ereignisse in Budapest wurde der Arbeiterrat alarmiert und dieser beschloss, sofort mit einem Auto eine Delegation zum Schauplatz zu entsenden. Sie kam aber zu spät. Die Verhandlungen zwischen Polizei und Demonstranten gingen hin und her, bis man sich darauf einigte, dass eine Delegation Einlass ins Gebäude erhalten sollte, um sich selbst davon zu überzeugen, dass wirklich alle freigelassen worden waren. Als das Tor ein wenig geöffnet wurde, drang die Menge mit lautem Gebrüll und Getöse ins Haus. Nur mühsam gelang es den Polizisten, das Tor wieder zu versperren. Da fielen die ersten Schüsse. Angeblich nur Warnschüsse. Die Menge vor dem Tor begann zu toben. Wie sich später herausstellte, hatten die Polizisten, um wirklich leere Zellen vorzeigen zu können, auch die Kriminellen freigelassen. Das sollte sich als großer Fehler herausstellen.

R konnte sich wegen der vielen Menschen auf der Straße kaum bewegen. Der Straßenbahnverkehr wurde eingestellt. Plötzlich machten die Menschen die Straße für einen langsam daherfahrenden LKW frei, dessen Bordwände herunter geklappt waren. Auf dem Plateau lag ein blutverschmierter toter Arbeiter. Mehrere zwielichtige Gestalten umgaben die Leiche. Einer von ihnen hielt eine blutgetränkte Nationalfahne in der Hand und brüllte, dass dieser Arbeiter von den StaPo-Leuten erschossen worden sei. Der LKW führ langsam vorbei und näherte sich nach einigen Minuten von der anderen Seite wieder, jetzt aber ohne Leiche, und fuhr in Richtung Polizeigebäude zurück. Kaum zehn Minuten später erschien derselbe LKW wieder mit den zwielichtigen Gestalten an Bord. Jetzt zogen sie den zerschundenen Leichnam eines Polizeioffiziers mit einer Drahtschlinge um den Hals hinter sich her. Der LKW fuhr zum sowjetischen Heldendenkmal, wo die furchterregenden Gestalten mit gekonnten Griffen den Polizisten an dem roten Stern aufhängten und sich in Positur stellten. R und einige andere wollten protestieren, wurden aber von gutmeinenden Bekannten davon abgehalten, denn schon brachte man einen erschlagenen Mann daher und hängte ihn neben den Polizisten. Es war dies ein einfacher Vertreter, der es gewagt hatte, gegen die Misshandlungen zu protestieren. Ohne viel zu fackeln wurde er zum verdeckten StaPo-Mann deklariert, von denselben Männern niedergeschlagen und neben dem bereits hängenden Offizier aufgehängt. R fiel auf, dass es still wurde, sehr still und dass die Tausende zählende Menschenmenge schwieg, aber man konnte es den Menschen ansehen, dass sie von dem Dargebotenen angewidert waren. Auch R wurde davon tief erschüttert, und eine Welt brach in ihm zusammen, als er sich an das Gefühl während der Szene vom Vortag in der Straßenbahn erinnerte. Zum ersten Mal tauchte in ihm der Gedanke auf, wie man diesen Wahnsinn verhindern könnte. Voller Neugier schritt er die paar hundert Meter zum Polizeigebäude. Von weitem sah R die noch immer unruhig wogende Menschenmenge. Er vermutete aus den ruckartigen Bewegungen der Masse, dass dort etwas im Gange sein müsse. Als er sich näherte, entdeckte er am Fuße eines Soldatendenkmals einen rücklings reglos am Boden liegenden Mann in Zivil. Er war bewusstlos und aus einem Loch in seiner Stirne quoll Blut. Sein Unterarm musste gebrochen sein, denn seine Hand lag abgewinkelt auf seiner Brust. R wusste nicht, wie ihm geschah, er merkte nur, dass er sein Taschentuch hervornahm, sich zu dem Mann niederkniete und versuchte, ihm die Stirne zu verbinden. Aus der Brusttasche des Mannes rutschte eine Legitimation heraus und R las XY, Major der StaPo. Da hielt ein LKW mit Rotkreuzzeichen an, auf dem sich mehrere Menschen in weißen Kitteln aufhielten. Eine junge Frau sprang herab und eilte zu dem am Boden Liegenden, sah sich die Legitimation an und schrie: „Der gehört nicht zu uns“, und wollte wieder auf den LKW aufspringen. R hinderte sie daran und forderte sie im Namen der Revolution auf, den Mann ins Krankenhaus mitzunehmen. Zu seiner Überraschung kam man seiner Forderung nach. R ging weiter und erschrak zutiefst: Die vor ihm wogende Menge tobte im Blutrausch. Am Boden lagen bereits einige entsetzlich zugerichtete Leichen und in der Mitte einer Meute wurde auf einen am Boden liegenden Körper getrampelt. Eine Stimme schrie: Hier ist einer! Worauf die Leute von dem am Boden Zuckenden abließen und sich auf einen Mann im Ledermantel stürzten. Das waren keine Menschen mehr, das waren unbeherrschte Furien, Monster, aus deren Augen der Wahn flackerte. Unter dem tobenden Mob waren jetzt nicht nur Kriminelle, sondern auch Arbeiter aus dem Stahlwerk und aus den Bergwerken zu erkennen. Wuchtige Schläge prasselten auf den Mann im Ledermantel, aber auch mit Fahrradpumpen und anderen Gegenständen wurde auf ihn eingeschlagen. Blut spritzte, Zähne flogen und man hörte das Krachen gebrochener Knochen. Der Mann brüllte anfangs, dann verstummte er und schlug nur röchelnd um sich. Blutiger Schaum spritzte aus seinem Mund. Seine Bewegungen

wurden immer langsamer und schwächer. Dann brach er zusammen und wurde vom Mob zu Tode getrampelt.
R wurde übel. Solche Szenen mussten sich mehrmals wiederholt haben, denn als er wieder zu sich kam, hingen auf einem Baum vis-a-vis des Polizeigebäudes mehrere furchtbar zerschundene Leichen. Einige waren am Hals, andere an den Füßen aufgehängt worden. Was musste das für eine Arbeit gewesen sein - ging es R durch den Kopf -, diese Leichen so hoch aufzuhängen! In der beginnenden Dämmerung zerstreute sich die Menge langsam und R merkte, dass er allein vor dem Polizeigebäude stand. Angst überkam ihn und er flüchtete wie üblich wieder zu seinen Freunden ins Café. Dort berichtete er von dem Vorfällen. Verzweifelung machte sich breit. Als R später nach Hause ging, grübelte er noch lange darüber nach, wie all das geschehen hatte können, und er war überzeugt, dass der gesamte Staatsapparat zusammen gebrochen sein musste, denn nirgends zeigte sich Polizei oder Militär. Anderseits, wie er ebenso feststellte, waren die Menschen überwiegend diszipliniert und es kam zu keinen Plünderungen und es wurde auch keinem Parteigenossen ein Haar gekrümmt. Die Parteizentralen arbeiteten Tag und Nacht und niemand hinderte sie daran.
Alle, ob Parteimitglied oder nicht, schämten sich für die Vorfälle vor dem Polizeigebäude. R war überzeugt, dass nur die Rädelsführer Kriminelle waren, die sich austobten, aber keine politischen Motive hatten. Aber wie konnten sie die ansonsten friedlichen Arbeiter zu solchen exzessiven Gräueltaten veranlassen? Warum zeigt es sich wiederholt in der Geschichte, dass bei Revolutionen im kritischen Moment immer einer aus dem Mob der sans culottes den ersten Stein wirft, mit dem Messer als Erster zusticht, als Erster am Abzug einer Waffe den Finger krümmt? Erst dann folgt ihm die Meute. Anscheinend war das auch hier der Fall. Darauf ist anscheinend bis heute keine Antwort gefunden worden.

Zum Abschluss des Tages hörte er noch den Sender Freies Europa[9]. Auf Ungarisch wurde rund um die Uhr gesendet. R traute seinen Ohren nicht! Was er zu hören bekam, war eine Schimpfkanonade auf Imre Nagy, und die Ungarn wurden aufgefordert, ihm nicht zu folgen, denn er sei ein blutrünstiger Kommunist, der noch zur Verantwortung gezogen werde, weil er die russischen Truppen zur Hilfe gerufen habe. Die Ausdrücke „kirgisischer Ochse", „Landesverräter" und „Mörder" fielen[10] und ein Kommentator meinte, dass nur Kardinal Mindszenty[11] eine Regierung bilden könne, die das Vertrauen der Bevölkerung Ungarns und des Westens erringen könnte. R ärgerte sich darüber: „Die haben ja keine Ahnung von dem, was hier vor sich geht!", und schaltete den Radioapparat aus.
Am nächsten Tag, es war der 27. Oktober, der 5. Tag der Revolution, versuchte R Kontakt zu seinen Kollegen aufzunehmen, um mit ihnen die Lage zu besprechen und ihnen klarzumachen, dass man das bisher Erreichte nicht aufs Spiel setzen sollte. Er wollte zum Landhaus gehen,

---

[9] Der Sender Radio Free Europe wurde 1950 in New York von dem vom US Kongress finanzierten Free Europe Committee gegründet. Ziel des Sender war - so steht es im Gründungsdokument - die Führung eines konstruktiven Dialogs mit den osteuropäischen Völkern und der Sowjetunion, um diese über die Vorgänge in der Welt und in ihrem eigenen Land zu informieren. Unter amerikanischer Kontrolle wurde aus München in polnischer, ungarischer, tschechischer, rumänischer und bulgarischer Sprache zumeist von Emigranten gesendet. Mit Zunahme des Kalten Krieges wurde auch der Ton des Senders immer schärfer und er wurde zum Propagandasender mit dem Ziel, die Verbreitung des Kommunismus nicht nur zurückzudrängen, sondern auch zu verhindern. Ungeachtet dessen, dass das Hören des Senders bestraft wurde, war er in Ungarn nicht sehr beliebt. BBC wurde vorgezogen. Die Sendungen wurden mit einem ungeheuren Aufwand von mehreren dazu eingerichteten Störsendern rund um die Uhr gestört. Während der Revolution benahm sich die Redaktion des Senders merkwürdig stur und wollte die Erneuerung der politischen Szene nicht zur Kenntnis nehmen. Sie kam in der Folge auch in Schwierigkeiten mit der US-Regierung. Jedenfalls hat der Sender während und nach der Revolution, zumindest in Ungarn, an Glaubwürdigkeit verloren.

[10] Aus dem Archiv Radio Free Europe München

[11] Kardinal Jozsef Mindszenty (urspr. Pehm), zu lebenslanger Haft verurteilter Erzbischof von Ungarn, wurde aus dem Hausarrest erst am 31. Oktober, von einer unter Hauptmann Pálinkás-Markgraf Palavicini stehender Armeeeinheit befreit. Graf Palavicini-Pálinkás wurde deswegen zum Tode verurteilt und hingerichtet. Soweit bekannt, wurde Pálinkás-Palavicini wegen seiner Tat oder seines Märtyrertodes weder von der Kirche noch von seiner Familie gewürdigt.

was ihm aber nicht gelang, denn auf dem Platz davor versammelten sich Tausende Menschen. Auch R mischte sich unter das dichtgedrängte Volk und harrte der Ereignisse. Vom Balkon des Landhauses hielten mehrere Personen Ansprachen. Sie stellten sich als die gewählten Delegierten des Arbeiterrates vor und informierten die Menge über die Beschlüsse, die sie als Delegierte des Revolutionären Arbeiterrates gefasst hatten. Unter ihnen war auch N, der die Leute zu beruhigen versuchte und zur Vernunft mahnte. Plötzlich wurden die Redner beiseite geschoben und auf dem Balkon erschien eine wild gestikulierende und schreiende Gruppe, die einen dicken uniformierten Polizisten bis zur Brüstung des Balkons zerrte. Auf den ersten Blick war zu erkennen, dass der Mann misshandelt wurde. Sein Gesicht war angeschwollen und er blutete aus Mund und Nase. Seine Hände waren anscheinend am Rücken gefesselt, denn er konnte die Faustschläge, die von hinten auf ihn niederprasselten und unter denen er immer wieder zusammenzuckte, nicht abwehren. Mehrere Schreihälse brüllten gleichzeitig. Aus diesem Chaos ertönte eine schrille Stimme, die das dumpfe Gemurmel der Menge übertönte. Es war die Stimme eines Hilfsschauspielers, den R erkannte. Jetzt bemerkte R auch mehrere Gesichter, die er am Vortag bei der Lynchjustiz vor dem Landespolizeigebäude gesehen hatte. Es waren Unterweltler, Kriminelle, welche die Gunst der Stunde nutzten, um sich an den Polizisten[12] zu „rächen", aber auch solche Typen, die nur ihren niedrigen Instinkten freien Lauf ließen. „Dies ist der Mörder aus dem Polizeigebäude, er ist es, der mit seiner Maschinenpistole auf die friedlichen Demonstranten geschossen hat",

[12] Bis 1954 war die Staatspolizei eine eigene Behörde und der Partei direkt unterstellt. Aufgrund des Juniprogramms von Imre Nagy wurde diese Behörde aufgelöst, die Angehörigen der Staatspolizei wechselten die Uniform von khakibraun auf das Graublau der regulären Polizei und waren von nun an der StaPo-Abteilung des Innenministeriums unterstellt.

kreischte eine sich mehrmals überschlagende Stimme. „Endlich haben wir ihn! Jetzt wird über ihn gerichtet!"
Die Menge erstarrte, und es wurde ganz still. Das Schauspiel war grausig, und alle spürten, dass es hier um Leben und Tod ging. R war entsetzt, nicht schon wieder, dachte er! Und was er nun tat, geschah wie in Trance. Er schob einige Menschen beiseite und hörte sich mehrmals „Nein!" schreien. „Viele, die hier sind, kennen mich, warten Sie, ich habe was zu sagen!" Die Menge teilte sich und ließ R die fünfzehn Meter bis zum Eingang durch. Im Gebäude selbst herrschte ein Durcheinander, alle schrieen, und R musste sich mit aller Gewalt den Weg in den ersten Stock bahnen. Währenddessen überlegte er, was er überhaupt sagen solle, um einen neuerlichen Mord zu verhindern. Mit Tränen in den Augen schrie er, man dürfe die Revolution nicht mit Blut beflecken. Er verlangte Legalität, Recht, und nicht Methoden, welche die Kommunisten jahrelang praktiziert hatten. Einige folgten ihm bis knapp vor die Balkontür. Plötzlich erhielt R einen heftigen Schlag ins Gesicht, der von hinten kam. Mit voller Wucht schlug er zurück. Es entstand eine regelrechte Schlägerei, Blut spritzte und viele schrieen und stöhnten vor Schmerz, während R sich mit einigen ihm fremden Personen langsam auf den Balkon vorkämpfte. Die vom Balkon verdrängten Delegierten der Arbeiterräte zogen sich in den Sitzungssaal zurück und schauten betroffen zu. R und andere merkten sofort, dass der dicke Polizist gelyncht werden sollte. Dies galt es zu verhindern. Die Tobenden machten Anstalten, den Polizisten über die Balkonbrüstung auf die Straße zu werfen. R konnte den Mann schon fast erreichen, da schlug ihm jemand auf die Hand und er sah nur noch, wie der Polizist emporgehoben wurde und im weiten Bogen über die Brüstung flog. Man hörte keinen Schrei – nur den dumpfen Aufprall seines Körpers. Bevor R jemanden zur Rede stellen konnte, waren alle verschwunden und der Balkon leer. Er hörte sich nur laut fragen, wie so etwas geschehen hatte können, wer diese Leute waren, und warum niemand die Aus- und

Eingehenden kontrollierte. Während R seine Kleidung in Ordnung brachte und die blutende Hand mit einem Taschentuch verband, erblickte er N, der - in einem Sessel sitzend - am ganzen Körper zitterte und einem Nervenzusammenbruch nahe schien. Seine Mundwinkel zuckten und Schaum lag auf seinen Lippen. Seine Augen waren weit aufgerissen und er stammelte hilflos vor sich hin. Er erkannte R und ihre Blicke trafen sich. N bat um Hilfe und R, noch immer wie im Trance, versprach, ihn zu unterstützen. Die Formalitäten waren schnell erledigt und R wurde offiziell und schriftlich von N, der vom Revolutionären Arbeiterrat zum stellvertretenden Vorsitzenden gewählt worden war, beauftragt, für die Sicherheit nicht nur im Landhaus, sondern auch in der Stadt und im ganzen Komitat zu sorgen. Als erste und wichtigste Aufgabe betrachteten beide das Aufstöbern einer bewaffneten Gruppe, die sich hier im Haus eingenistet hatte und von der es hieß, es seien Leute aus dem Stahlwerk, die in die Stadt gekommen seien und deren Anführer ein mehrmals vorbestrafter Krimineller sei. Dieser hätte sich selbst zum Anführer der Gruppe ernannt und wolle den Schutz des Arbeiterrates übernehmen, was N jedoch entschieden zurückgewiesen hatte.

Nach langem Herumfragen erfuhr R, wo sich die fragwürdige Gruppe aufhielt, und eilte sogleich in die angegebene Richtung. Erst jetzt wurde ihm bewusst, worauf er sich eingelassen hatte. „Was, wenn sie mich auch aus dem Fenster werfen?“, dachte er. Mit einer für ihn selbst unerklärlichen Ruhe betrat er den Raum, in dem sich etwa zehn bis zwölf Männer und eine Frau aufhielten. Unter den Männern erkannte er einige, die an der Lynchjustiz vor dem Polizeigebäude teilgenommen hatten. Einer fiel ihm besonders auf, er hatte ein geschwollenes Gesicht und sein Mund war noch blutig. Es war einer von der Balkonszene. R stellte sich mit lauter und deutlicher Stimme vor und teilte allen mit, dass er von N persönlich entsandt worden sei, den Haufen zu kontrollieren. Plötzlich schrie er laut in militärischem Ton: „Alles hört auf mein

Kommando! Stillgestanden!“ Zu seiner größten Überraschung nahmen alle Haltung ein. R hätte fast zu lachen begonnen, beherrschte sich aber und ging zu jedem hin und fragte ihn, wie er heiße. Für mehr reichte die Zeit nicht, denn plötzlich stießen zwei bewaffnete, wild aussehende Gestalten mit lautem Gepolter und Geschrei einen Oberst der Staatspolizei ins Zimmer. Als sie R erblickten, schienen sie verlegen, vermutlich weil er ihnen fremd war. R informierte sie, wer er sei und forderte, innerlich noch immer irgenwie amüsiert, die Erstattung einer Meldung. Worauf der eine meldete, dieser Offizier habe geschossen. „Wenn dem so ist, so wird ein ordentliches Gericht über ihn urteilen, dazu haben wir Gesetze und die Revolution und Imre Nagy will ja gerade die Legalität festigen“, erklärte ihnen R, als ihm der rettende Gedanke kam, ein Protokoll aufzunehmen. Wer Zeit gewinnt, gewinnt Leben!

Wie sich herausstellte, war die einzige Frau unter den Anwesenden von Beruf Stenotypistin, und so konnte mit der „Arbeit“ begonnen werden. R fragte nach den Personalien und - um Zeit zu gewinnen - nach dem Lebenslauf, und diktierte, alles mehrmals wiederholend. Alle lauschten den Worten des Offiziers und begannen allmählich zu verstehen, dass es R um das Gesetz und die Legalität ging, und dass er etwas vom „Geschäft“ verstand. Denn R betonte ausdrücklich, dass der Offizier wegen seiner Zugehörigkeit zur StaPo nichts zu befürchten habe und sich nur wegen gewöhnlicher Verbrechen, sollte er solche begangen haben, vor einem ordentlichen Gericht zu verantworten habe. Nach und nach beruhigten sich die Leute. Inzwischen überlegte R, was mit dem Offizier geschehen sollte und ließ sich telefonisch mit dem Landesgericht verbinden. Zu seiner größten Überraschung waren viele Richter anwesend. Einer von ihnen machte den Vorschlag, den Offizier ins Gerichtsgefängnis zu überstellen, denn hier sei er in Sicherheit. Der Arbeiterrat des Gerichtes funktioniere und habe größtes Interesse, dass kein Blutvergießen mehr stattfinde. R fiel ein Stein vom Herzen. Er instruierte die Leute, den Offizier in das naheliegende Landesgericht zu überstellen und dort dem diensthabenden Mitglied des Arbeiterrates mitsamt dem aufgenommenen Protokoll zu übergeben. Die Übernahme sei vom Diensthabenden zu bestätigen. R tat den ersten Schritt und führte den Offizier in Begleitung von zwei Bewaffneten hinüber ins Landesgericht. Unterwegs merkte er, wie seine beiden Begleiter neben ihm herstolzierten. Und siehe da, es funktionierte! Der Offizier stammelte etwas von: „Danke“, und man sah es ihm an, dass er sich beruhigte. Gott, wenn das nur so gut weiterginge, dachte R und machte sich mit den zwei Leuten auf den Weg zurück ins Landhaus. Kaum waren sie eingetreten, erschienen wieder zwei Bewaffnete mit einem StaPo-Offizier, der ganz erschrocken ständig etwas vor sich hin stammelte. Auch mit diesem wurde ein Protokoll aufgenommen und er wurde dem Landesgericht überstellt. Dort war er in Sicherheit und es geschah ihm nichts. Davon überzeugte sich R telefonisch.

R getraute sich nicht, nach Hause zu gehen, weil er den wilden Haufen nicht allein lassen wollte. Und er tat gut daran, denn durch das K-Telefon[13] kam die Meldung aus einer Ortschaft nicht weit von M entfernt, dass Frau G erwischt worden war.

Frau G war die blonde Frau jenes Polizeioffiziers, der mit dem LKW durch die Stadt geschleift worden war, und nicht nur in der Stadt, sondern im ganzen Komitat ging die Nachricht um, sie sei auch im Polizeigebäude gewesen und hätte „wie wild“ um sich geschossen. Aus einer unerklärlichen Hysterie heraus wollten alle dieser Frau habhaft werden. R gab dem Anrufer in Befehlsform Bescheid, unbedingt auf die Frau aufzupassen - sie würde abgeholt.

---

[13] Das K-Telefon, von dem nur die Eingeweihten wussten, war typisch für das Regime. Es war dies ein eigenes Telefonsystem innerhalb des bestehenden Telefonnetzes. Verbunden waren damit alle Militär- und Polizeistellen, Ministerien und die Verwaltung, und - wie sich herausstellte - auch die Parteizentralen. Der einfache Bürger konnte nicht einmal ein Telefon erhalten, aber der Unterdrückungsapparat war mit der K-Leitung direkt verbunden!

Kati, die hübsche Schwester von N, war Fahrerin bei einem Unternehmen und wurde samt PKW dem Arbeiterrat zur Verfügung gestellt. Sie erklärte sich bereit, die Frau abzuholen. Es verging keine Stunde, da war sie mit Frau G schon zurück. Frau G war aber keine Blondine, sondern eine etwas graumelierte Brünette, die ganz verstört und ängstlich wirkte. R fragte sie, warum sie nicht blond sei. Die Frau blickte ihn verständnislos an. Um Zeit zu gewinnen, befragte sie R. Sie erzählte, sie sei Kindergärtnerin in dem Kindergarten, aus dem man direkt auf das russische Heldendenkmal blicken könne. Vor zwei Tagen habe ihr eine Kollegin gesagt, sie möge doch aus dem Fenster schauen, ihr Mann würde gerade aufgehängt. Sie habe hinausgeschaut und sei von dem Anblick in Ohnmacht gefallen. Später hätten ihr Freunde zur Flucht zu ihrer Mutter verholfen. Dort sei sie von Nationalgardisten festgenommen worden und jetzt sei sie hier. Nach der Erzählung wurde R stutzig und fragte sie wieder, warum sie keine blonden Haare habe. Denn er hatte ja einen verletzten Polizeimajor namens G, als dessen Ehefrau sie galt, vor dem Polizeigebäude verbunden und veranlasst, dass er ins Krankenhaus geliefert wurde. Es stellte sich heraus, dass es zwei Brüder G bei der Staatspolizei gab, und dass ihr Mann nicht der gehenkte, sondern der verwundete war. Als R ihr davon Mitteilung machte, wich sofort jede Müdigkeit und Verzweiflung aus ihrem Gesicht und sie war voller Dankbarkeit.

Das Gespräch wurde dreimal unterbrochen, da einige Männer der Gruppe unauffällig verschwanden, um kurz darauf mit einem gefangenen StaPo-Offizier zurückzukehren. Mit diesem wurde, wie schon zuvor, jeweils ein langes Protokoll aufgenommen. Anschließend wurde er dem Landesgericht überstellt. Das Prozedere wurde für R fast zur Routine, wenn nur nicht das Kribbeln im Magen gewesen wäre.

Kati schaffte einige Matratzen herbei, auf denen man sich schlafen legte.

Nach einigen Stunden Schlaf, es war bereits Sonntag, der 28. Oktober 1956, der 6. Tag der Revolution, rief R im Krankenhaus an und erfuhr die bedauerliche Nachricht, dass der Mann von Frau G vor einigen Stunden seinen schweren Verletzungen erlegen war. Bedrückt teilte er das der Frau mit. Viel Zeit zum Trösten blieb nicht, denn unter dem Fenster - das Zimmer lag im ersten Stock - versammelten sich immer mehr Menschen. R wusste nicht, was das bedeuten sollte, und ging hinunter, um sich zu erkundigen. Unten angekommen erfuhr er, dass es sich herum gesprochen hatte, dass Frau G, die „blonde Hure" im Gebäude war, und man sie erwischen wolle. R eilte unverzüglich zurück, verriegelte die Tür hinter sich und informierte die Anwesenden. Inzwischen konnte man von draußen zunehmend lauter werdende Stimmen vernehmen, die immer drohender die Herausgabe von Frau G forderten. Kati bot sich an, mit Frau G[14] durch den Hintereingang das Auto zu erreichen und sie wieder zu ihrer Mutter zu bringen. Eilig verließen beide das Zimmer. R hörte noch das Aufheulen des Motors und sah aus dem Fenster, wie Kati mit der Frau im Auto davonbrauste. R ging den Leuten im Treppenhaus mit ausgestreckten Händen entgegen und fragte sie lächelnd, was sie denn so früh am Sonntag, es war erst 7 Uhr, hier im Gebäude suchten? „Die blonde Bestie", war die Antwort. R stellte sich unwissend, und nachdem er alle - es waren etwa 20 bis 25 Männer - ins Zimmer gebeten hatte und sich mit ihnen ins Gespräch eingelassen hatte, erkannten die Leute die Zwecklosigkeit ihres Kommens und entfernten sich brummend, nicht ohne eine Alkoholwolke zurückzulassen. R fiel abermals ein Stein vom Herzen.

Es war Sonntag, der 28. Oktober, der 6. Tag der Revolution. Die Männer der Gruppe waren übermüdet und

[14] Die Frau wurde gerettet und aus lauter Dankbarkeit verfasste sie einen Artikel in Fortsetzungen, in welchem sie berichtete, dass man Hunde auf die Gefangenen gehetzt habe, sie selbst sei geschlagen und gefoltert worden und nur knapp dem Tod entronnen. Nur der Einmarsch der Sowjettruppen habe sie vor dem Schlimmsten gerettet und dafür sei sie ihnen ewig dankbar. Dieses Verhalten war mit ein Grund, warum R das Land verlassen hat.

versuchten, auf den Matratzen am Fußboden, auf Tischen und Bänken etwas zu schlafen. In einem Nebenzimmer entdeckte R einen Radioapparat. Zu seiner größten Überraschung meldete sich ein Sender Namens „Radio M". Wie sich herausstellte, handelte es sich um eine in aller Eile von Studenten der Technischen Universität zusammengebastelte Anlage, welche die kopflos davongelaufenen Staatspolizisten zurückgelassen hatten und die von den Studenten beschlagnahmt worden war. Freude kam auf: M hatte einen eigenen Sender! Aus dem Radio waren laufend Meldungen und Aufrufe an die Bevölkerung zu hören. R ging zum K-Telefon und vereinbarte ein Treffen mit dem Stadtkommandanten, dem einzigen Polizeioffizier, der auf seinem Posten geblieben und nicht davongelaufen war. Tags zuvor hatte R mit ihm vereinbart, dass er auch weiterhin niemandem eine Waffe ausfolgen würde. Übrigens so, wie er es bisher - auch in brenzligen Situationen - alleine tapfer gemacht hatte. Falls es Schwierigkeiten gäbe, sollte er sich sofort persönlich an R um Hilfe wenden. R kannte den Offizier schon von früher. Er war ein gestandener Profi und kannte die auch im Sozialismus existierende Unterwelt. Auf Bitten des Offiziers trafen sie sich im Freien, auf einer Bank im nahegelegenen Park. Nach der anstrengenden Nacht tat die kalte, frische Morgenluft gut. Sie rauchten eine Zigarette und der Offizier fragte, mit Bewunderung in der Stimme, wie R es geschafft habe, die Gruppe zu bändigen und zu beschwichtigen. R erzählte ihm alles, so wie es sich abgespielt hatte, worauf sein Gegenüber zu lachen begann und ihm kopfschüttelnd gratulierte. Der Kommandant bat R, nur so weiter zu machen und berichtete, dass sich anscheinend die Situation beruhige, denn heute Früh hätten sich sechs Polizisten zum Dienst gemeldet und er sei nicht mehr alleine. Ab sofort werde in der Stadt patrouilliert, denn er habe auch mit dem Kommandanten der Nationalgarde der Studenten Kontakt aufgenommen, welcher ihm volle Unterstützung zugesagt habe und mehrere Nationalgardisten zur Verfügung stellen werde.

Beide stellten mit Zufriedenheit fest, dass es ihnen gelungen sei, durch ihr entschlossenes Auftreten binnen 24 Stunden die Ordnung in M wiederherzustellen. Seit dem Mord an dem dicken Polizisten kam es zu keinen weiteren Ausschreitungen. Die Aufrufe im Lokalsender, in welchen die Bevölkerung wiederholt aufgefordert wurde, Ruhe zu bewahren und die Erfolge der Revolution nicht mit Blut zu beflecken, zeigten anscheinend Wirkung. Auch wurde darauf hingewiesen, dass bei eventuellen Zwischenfällen R sofort im Landhaus persönlich zu benachrichtigen sei. Es hatte sich also doch herumgesprochen, dass die Gruppe von R in solchen Fällen rücksichtslos einschritt. R fand dies etwas übertrieben, aber meinte, wenn das der Sache nütze, solle es ihm recht sein.
R ging ins Landhaus zurück. Dort traten die Mitglieder des Revolutionären Landes-Arbeiterrates soeben zu einer Beratung zusammen. An dieser Beratung nahm, von vielen unbemerkt, auch der selbsternannte Anführer der Gruppe teil. Als R hörte, dass dieser ihn als seinen Stellvertreter titulierte, protestierte er zwar nicht dagegen, nahm aber sicherheitshalber neben ihm Platz. Einige Leute vom Arbeiterrat des Stahlwerkes trafen ein, um sich über die Ereignisse in der Stadt und die Absichten des zusammengetretenen Landes-Arbeiterrates zu informieren. Als sie den neben R sitzenden Anführer erblickten, den sie aus dem Stahlwerk kannten, erklärten sie aufgeregt, dass sie mit solchen Typen nichts zu tun haben wollten und verließen den Saal. In dem in der Folge entstandenen Durcheinander verschwand plötzlich der „Anführer" ganz still und leise. R eilte schleunigst zu der Gruppe, die sich in der Zwischenzeit halbwegs organisierte und ihre Gewehre reinigte.
R versuchte, mit dem Arbeiterrat des Stahlwerkes Kontakt aufzunehmen, erfuhr aber, dass der Arbeiterrat aufgrund der erhaltenen Informationen die Vermutung äußerte, dass in M etwas nicht in Ordnung sei und eine Abordnung unter Führung des früheren Landesparteisekretärs und nunmehrigen Präsidenten des Arbeiterrates mit der Absicht

nach M aufgebrochen sei, sich die Leute im Landhaus anzusehen und in M „Ordnung“ zu schaffen. Es verging keine Stunde, da war die ziemlich aufgebrachte Abordnung schon im Landhaus. Niemand wusste, was jetzt geschehen würde und es kam zu einem lauten Wortgefecht, an dem R sich nicht beteiligte – er sah nur zu. Als die Stahlwerker jedoch sahen, dass sie es hier mit angesehenen, vom Volk gewählten Repräsentanten, die sie zum Teil schon von früher kannten, zu tun hatten, sahen sie ein, dass man diese Leute nicht einfach beiseiteschieben dürfe. Die Gemüter beruhigten sich und die Spannung ließ nach - besonders nachdem alle eingesehen hatten, dass auch Leute des Arbeiterrates des Stahlwerkes in das Landesgremium gewählt werden mussten. Einvernehmlich wurde der gegenwärtige Landes-Arbeiterrat für „provisorisch“ erklärt und man einigte sich darüber, am nächsten Tag eine Großversammlung einzuberufen, bei der ein neuer Landes-Arbeiterrat unter Heranziehung neuer Kandidaten aus dem Stahlwerk gewählt werden sollte. Zur Beruhigung der Lage trug wesentlich die von allen Anwesenden respektierte integre Person des früheren Landesparteisekretärs bei.
Mit Erstaunen beobachtete R, wie sich eine neue, sich vermeintlich freie fühlende Gesellschaft durch eine undefinierbare innere Dynamik von selbst organisieren kann und vernunftgeleitet sich ihre eigene, spontane Ordnung schafft - wenn man sie nur lässt.
Unterdessen hielt in Budapest der neue Ministerrat seine erste Sitzung ab und bestätigte die von Imre Nagy vorgelegte Regierungserklärung, welche dieser im Rundfunk nach den 17-Uhr-Nachrichten persönlich verlautbarte. Um den im Landhaus beschafften Radioapparat versammelte sich eine lauschende Menge, darunter auch R. Der vorangegangenen Kurznachricht über den Ausbruch von kriegerischen Handlungen am Suezkanal wurde vorerst wenig Bedeutung beigemessen. Um so mehr den Ausführungen von Imre Nagy: Die neugebildete Regierung verurteilte einstimmig diejenigen,

die die gegenwärtige Volkserhebung der Gegenrevolution bezichtigten.
Es wurde gemeldet, die Regierung habe mit den Sowjettruppen vereinbart, sich aus Budapest zurück zu ziehen und es hätten Verhandlungen über den Abzug aller Sowjettruppen aus ganz Ungarn begonnen. Es werde eine neue Exekutive gebildet, die aus Teilen der Armee, der Polizei, der bewaffneten Jugend und Arbeitern bestehen solle. Die Regierung unterstütze die vom Volk initiierte neue demokratische Form der Selbstverwaltungen. Die Staatspolizei werde aufgelöst und ihre Mitglieder aufgefordert, sich bei den zuständigen neuen Selbstverwaltungen zu melden, die ihnen Schutz gewähren würden.
„Das wird Arbeit geben", dachte R und eilte zur Gruppe, wo ihn schon zwei Anrufe aus der Umgebung von M erwarteten. Am anderen Ende der Leitung wurde gefragt, was mit den sich freiwillig gemeldeten Stapo-Leuten geschehen solle. R bat um Geduld und teilte den unbekannten Anrufern mit, es werde nach jenen geschickt. Plötzlich krachte ein Schuss im Vorzimmer. Erschrocken sprang R hinaus und stellte fest, dass sich einer der Männer wichtigtuerisch vor einen gerade eingelieferten StaPo-Offizier gestellt hatte, als seine Waffe unerwartet los ging. Der StaPo-Mann stand kreidbleich mit erhobenen Händen an der Wand. R reagierte blitzschnell und verabreichte dem verdutzt dreinschauenden Schützen eine kräftige Ohrfeige, riss ihm das Gewehr aus der Hand, erklärte ihn als verhaftet und ließ ihn ins Landesgericht überstellen. Das hatte Wirkung! Die Leute begannen nicht nur untereinander, sondern auch mit anderen einen höflicheren Ton anzuschlagen.
Zwischen zwei Protokollaufnahmen (es meldeten sich zwei StaPo-Leute) sickerte die freudige Nachricht durch, der UNO Sicherheitsrat in New York habe die Ungarnfrage auf seine Tagesordnung gesetzt. Die ganze freie Welt blickte mit banger Hoffnung nach Ungarn. Fast alle Radiosender berichteten und kommentierten erfreut oder besorgt,

spekulativ, aber zumeist übertrieben, über die Ereignisse. Hilfskolonnen passierten die Grenze und es schien, als wäre es den Ungarn gelungen, sich von der kommunistischen Tyrannei zu befreien. Ein Tross ausländischer Berichterstatter kam ins Land und ihre Berichte erschienen weltweit in allen Zeitungen.
Der 7. Tag der Revolution begann zuversichtlich. Es war Montag, der 29. Oktober 1956. Abgesehen von einigen kleineren hauptsächlich verbalen Auseinandersetzungen herrschte im ganzen Land Ruhe und überall wurden Arbeiterräte gewählt. R konnte nur wenig schlafen, denn er machte sich Sorgen, dass in seiner Abwesenheit, mit der Gruppe etwas Unerfreuliches passieren könnte. Als er im Landhaus ankam, konnte er sich überzeugen, dass alles in Ordnung war. Plötzlich wurde er in den Sitzungssaal gerufen. Böses ahnend eilte er dorthin, aber glücklicherweise war seine Sorge unbegründet. Im Saal waren mehr als hundert Menschen versammelt, und zu seiner Überraschung wurde er aufgefordert, an dem Sitzungstisch, der am Ende des Saales stand, Platz zu nehmen. Ein Wahlkomitee wurde gebildet und alle Anwesenden waren Delegierte aus vielen Betrieben des Landes. Ihre Vollmachten wurden überprüft. Dann erfolgten Wahlvorschläge, über die offen abgestimmt wurde. So wurde auch das neue Präsidium gewählt und N in seiner Funktion als Stellvertreter bestätigt. Anschließend wurden die Fachausschüsse neu gewählt. Zu seiner größten Überraschung wurde R zum Leiter des Fachausschusses Administration gewählt. Er erklärte aber, dass er diese Tätigkeit nur bis nach den zu erwartenden freien Wahlen ausüben werde, da er seinen eben erst begonnenen Beruf weiter ausüben wolle. Neben dem Fachausschuss für Administration wurden die Ausschüsse für Versorgung, Transport, Energie, Justiz und allgemeine Organisation geschaffen. Die Wahl der Fachausschüsse war ein Gebot der Stunde, denn der alte Staatsapparat war auseinandergefallen, die leitenden Beamten flohen zum Teil in die Tschechoslowakei und zum Teil nach Russland

oder sie verschwanden einfach. Es musste ein neuer Apparat geschaffen werden. Die Fachausschüsse bildeten sich spontan, ihre Mitglieder stellten sich zur Wahl, wurden bestätigt und wählten dann aus ihren Reihen den Leiter des Ausschusses. Es war wie ein Wunder: Nach so vielen Jahren der Diktatur und der restriktiven Regulierungen entstand spontan aus der sich selbst verwaltenden Arbeiterdemokratie ein funktionierendes soziales Gefüge. Aber nicht nur in M, sondern auch in der Hauptstadt Budapest sowie überall in Ungarn entstanden spontan die von den Arbeiterräten bestätigten Fachausschüsse und nahmen sofort ihre Tätigkeit auf.

Die Arbeiterselbstverwaltung wurde dem jugoslawischen Modell entnommen und war zu jener Zeit in Ungarn sehr populär. So wie in M entstanden regionale Kreis-, Stadt- und Komitat-Arbeiterräte,[15] die den gesamten Apparat in Schwung hielten.

---

[15] Memento! Am 30. Oktober 1956 wurde in Budapest eine beratende Konferenz aller Arbeiterräte abgehalten. Der Arbeiterrat von M war auch vertreten. Bei dieser Konferenz zeichneten sich bereits die Umrisse einer sich selbst verwaltenden Arbeiterdemokratie ab. So wurde z.B. angestrebt, dass die Betriebe in das Eigentum derer übergehen sollten, die in ihnen arbeiten; die Arbeiterräte sollten auf Zeit und direkt gewählt werden und die Leitung des Betriebes übernehmen; aufgrund öffentlich Ausschreibungen würden die Direktoren und die leitenden Angestellten vom Arbeiterrat bestellt; Parteipolitik sei vom Betrieb fernzuhalten. Schon damals wurde darauf hingewiesen, dass unter „Arbeiter" jene soziale Schicht zu verstehen sei, die ihren Lebensunterhalt überwiegend aus Lohn oder Gehalt bestritt. Den Begriff „unselbstständige Erwerbstätigkeit" gab es noch nicht.
Niemand hätte gedacht, dass diese spontan entstandene Institution in so kurzer Zeit so stark zusammenwuchs, dass sie auch nach dem 4. November 1956, der durch die kriegerische Intervention russischer Truppen eingesetzten Quisling-Regierung monatelangen Widerstand leisten würde können und nur mit diktatorischen Methoden niedergeschlagen werden konnte. Am 22. November begann die Regierung mit dem Zentralverband sog. konsolidierende Gespräche aufzunehmen. Der Zentralverband bestand auf der Verwirklichung der am 23. Oktober 1956 verkündeten 21 Punkte. Diese Forderung wurde von der Regierung verständlicherweise strikt abgelehnt, enthielt doch ein Punkt die Forderung über den Abzug der russischen Truppen aus Ungarn. In diesem Fall hätte die sich auf russische Bajonette stützende Regierung das Land verlassen müssen. Als der Zentralverband am 22./23. November und am 11./12. Dezember (die Standgerichte waren bereits an der Arbeit und Hinrichtungen fanden laufend statt) den Generalstreik ausgerufen hatte und fast alle Betriebe diesem Aufruf Folge leisteten, zeigte sich die wahre Macht des Zentralverbandes der Arbeiterräte. Die Regierung reagierte darauf, wie es sich einer faschistischen Regierung geziemt, mit einer Verhaftungswelle, die sie nur mit russischer Hilfe durchführen konnte. An die 200 führende Arbeiterräte wurden von den Faschistokommunisten verhaftet und die Arbeiterräte im ganzen Land verboten. (Forts.n.S.)

An diesem Tag verschwanden einige Männer aus der Gruppe und kamen nicht mehr zurück. Es waren jene, deren Verhaftung R schon stillschweigend vorbereitet hatte, denn an den Händen dieser Leute klebte Blut. Nur sollte das einer der Staatsanwälte veranlassen. Den Arbeiterrat hatte R davon informiert, als er gleich nach seiner Ernennung seinen ersten mündlichen Bericht über die letzten Tage seine Tätigkeit abgab. Es meldeten sich neue Leute, die vom Arbeiterrat des Stahlwerkes offiziell delegiert und empfohlen wurden. Mit diesen verstand sich R vom ersten Moment an sehr gut, da sie ebenfalls der Ansicht waren, dass die Revolution nicht mit Blut besudelt werden dürfe und die Legalität und die Verfassung einzuhalten seien. Am Abend verabschiedeten sich alle im Bewusstsein, dass am nächsten Tag das normale Leben beginnen werde. Am Nachhauseweg war R guter Laune, denn die Regierung verhandelte mit den Russen über deren Abzug, das Land würde frei werden und mit etwas Glück könnte auch Ungarn diese Freiheit mit der Neutralität bezahlen. So wie das Österreich vor genau einem Jahr, am 26. Oktober 1955, getan hatte. Seine gute Laune verflüchtigte sich, als er den BBC-Nachrichten entnehmen musste, dass die UNO die „Ungarnfrage" von der Tagesordnung genommen hatte und statt dessen die Suez-Krise behandelte. Erst jetzt wurde bekannt, dass

---

Und wieder reagierte die kommunistische Regierung, so wie jede faschistische auch: Sie deklarierte den Streik zum Verbrechen und verhängte den Ausnahmezustand. Die im Untergrund agierenden Leiter des Zentralverbandes wurden aufgestöbert, verhaftet und zu langjährigen Kerkerstrafen verurteilt. Dennoch hielten sich die Arbeiterräte einige Monate, bis sie den mit Gewalt eingesetzten Parteiorganisationen weichen mussten. Viele hielten bis September 1957 durch. Respekt sei ihnen hiermit erwiesen. Die neue „Regierung" veranstaltete am 8. Dezember in Salgótarján, einer Industriestadt im Norden, ein Blutbad unter den demonstrierenden Arbeitern. Es gab über 100 Tote! Wo waren die Fotografen? In diesen Monaten fand der ruhmreichste Kampf in der Geschichte der Arbeiterbewegung statt. Es war kein Klassenkampf, sondern es war ein Kampf mit friedlichen Mitteln für Freiheit und Demokratie für alle. Dieser Kampf wurde mit barbarischen Mitteln niedergeschlagen und es herrschten, so wie auch in allen faschistischen Länder, jedoch unter dem Zeichen des roten Sterns, die Galgen, die Konzentrationslager und der rote Terror. Wo blieb die Solidarität der westlichen Linken? Die Proteste der Sozialistischen Parteien? Die Gewerkschaften? Es ist anzunehmen, dass sie ihre ideologischen Köpfe aus Angst vor neuen Entwicklungen in den roten Sand steckten. Oder gibt es eine andere Erklärung?

wegen des Suezkanals neuerlich ein Nahost-Krieg ausgebrochen war. Englische, französische und israelische Truppen landeten in Suez und wurden mit den Ägyptern in heftige Kämpfe verwickelt. In R kamen böse Ahnungen auf, die er zu verscheuchen versuchte, doch es blieb ein undefinierbares Angstgefühl.

Der 8. Tag der Revolution, der 30. Oktober, brach an. Im Landhaus erwarteten R bereits 3 StaPo-Leute, die sich aufgrund des Regierungsaufrufes meldeten und um Schutzhaft ansuchten. Nach Erledigung der Formalitäten wurde ihrem Wunsch entsprochen und R begleitete sie persönlich ins Landesgericht. Anschließend informierte er sich vor Ort über die Zustände und stellte mit Genugtuung fest, dass alle StaPo-Offiziere wohlauf waren, ordentlich behandelt und verpflegt wurden und dass keinem ein Haar gekrümmt wurde. Die vom Arbeiterrat geleitete Wachmannschaft verhielt sich korrekt.

Auf Ansuchen des Stadtkommandanten stellte ihm R vier der neuen und verlässlichen Männer zur Verfügung, um unberechtigte Waffenbesitzer zu entwaffnen bzw. um die freiwillig abgegebenen Waffen einzusammeln. Die Waffenabgabe und das Einsammeln der Waffen gingen ohne Zwischenfälle vor sich.

Im Sitzungssaal war der Arbeiterrat versammelt und jeder Fachausschuss gab seinen Bericht ab. Man beschloss, eine Delegation zu der in der Nähe der Stadt stationierten sowjetischen Artillerie-Einheit[16] zu entsenden, um deren Kommandanten über die Friedfertigkeit der Vorgänge in der Stadt zu überzeugen. Die Delegation wurde von N angeführt. Den Russen wurde die laufende Versorgung mit Lebensmitteln zugesichert. Der Kommandant sprach fließend ungarisch und ließ es sich nicht nehmen, persönlich in die Stadt zu fahren, um dort Eindrücke zu sammeln. Zu diesem Zweck wurde er inkognito und in Zivil in die Stadt geschleust. Bei der Führung durch die Stadt

[16] Erst jetzt erfuhr die Bevölkerung von M, dass seit Jahren eine sowjetische Artillerie-Division auf einem Bergplateau nahe der Stadt in Stellung lag.

war auch R dabei und er hatte das Gefühl, dass den Kommandanten eher die Neugierde als die Pflicht in die Stadt führte. Beim Abschied meinte der Kommandant, er sei zufrieden mit all dem, was er gesehen habe, und werde dies auch an seine Vorgesetzten weitermelden. Er zeige auch volles Verständnis für die Vorgänge und dass er die jungen Leute beneide, aber man müsse ihn auch verstehen, er sei Soldat und werde die Befehle ausführen, die ihm angeordnet würden. Diese letzte Bemerkung stimmte nicht nur R nachdenklich. Die Angst vor einer russischen Intervention lag allen wie ein schwerer Stein auf der Brust.

Im Landhaus angekommen, versammelten sich alle um den Radioapparat, auf eine wichtige Meldung wartend.

Die Meldung enthielt nicht nur Wichtiges, sie war auch höchst erfreulich. Imre Nagy teilte der Bevölkerung mit, dass die Partei und die Regierung beschlossen hätten, das Einparteiensystem zu beenden und alle demokratischen Parteien wieder zuzulassen. Die Regierung bestünde bereits aus einer engeren Koalition mehrerer Parteien. Großer Jubel brach aus! Endlich wurde das erreicht, was alle wollten: Nach sieben Jahren wurde die Diktatur einer Partei abgeschafft! Die Führer der neugegründeten Parteien hielten kurze Ansprachen und forderten ihre alten Mitglieder auf, sofort mit dem Aufbau der örtlichen Organisationen zu beginnen. Es waren alte Parteien, die seit 1949 verboten waren. Namentlich die Partei der Kleinlandwirte, die Nationale Bauernpartei, die Sozialdemokratische Partei, die umbenannte Kommunistische Partei und die Bürgerlich-Christliche Partei. In der eingetretenen Pause unterhielt sich R mit dem Militärkommandanten, Oberst Z, dem neuen Bürgermeister Gy und anderen Mitgliedern des Arbeiterrates. Es ging um die Frage was mit denjenigen geschehen sollte, die die Lynchjustiz initiiert haben. Werden sie zur Verantwortung gezogen oder werden sie gar zu Nationalhelden erklärt? Letzteres fand R abstrus.

In den Jubel platzte die Hiobsbotschaft: Von den Grenzen wurde gemeldet, dass Hunderte sowjetische Panzer modernster Bauart die ungarische Grenze passierten. Zwischendurch rollten mehrere hundert mit Truppen vollbesetzte Lkw über die Grenze Richtung Budapest. Dahin waren Freude und gute Laune! Doch alle, auch R, taten so, als hätten sie die Meldungen von den Grenzen nicht wahrgenommen. Gleich darauf kam die nächste schlechte Nachricht: Am Suezkanal tobten erbitterte Kämpfe, und die Berichte darüber okkupierten die Schlagzeilen der Weltpresse - nicht ohne auf die Gefahr eines Weltkrieges hinzuweisen.
Eine neue Nachricht aus Budapest beruhigte die Gemüter etwas, denn Imre Nagy teilte mit, dass die Verhandlungen über den Abzug der Sowjettruppen begonnen hätten. Was sollten dann die Truppenbewegungen an den Grenzen? R versuchte, auf der K-Telefonleitung Kontakt mit den Grenzorten aufzunehmen. Die Arbeiterräte dieser Gemeinden bestätigten die Meldung und wiederholten verzweifelt, dass seit zwei Tagen ununterbrochen russische Panzer und Lkw mit Soldaten nach Ungarn strömten. Also doch! Wieso konnten die Russen mit der Regierung über ihren Abzug verhandeln, wenn sie gleichzeitig, ohne irgendjemanden zu informieren, neue Truppen ins Land einschleusten? Die Unruhe steigerte sich, als durchsickerte, dass in Budapest die städtische Parteizentrale, in der sich angeblich bewaffnete StaPo-Leute aufhielten, von aufgebrachten Aufständischen umzingelt und angegriffen wurde. Der erste Gedanke aller war, das könne nur eine Provokation sein, denn in ganz Budapest herrschte zu dieser Zeit Ruhe und Ordnung. Der Arbeiterrat in M war äußerst besorgt, nachdem mit dem Parteihaus kein Kontakt aufgenommen werden konnte und niemand wusste, wer die Belagerer des Gebäudes

waren.[17] Der Rundfunk berichtete, dass es zu einer wilden Schiesserei und einer fürchterlichen Lynchjustiz gekommen sei. Nach dem angeblichen Blutbad brach eine regelrechte Hysterie unter den Beteiligten aus und sie behaupteten, dass in einem unteridischen Labyrinth mehrere hundert Menschen gefangen gehalten würden und man ihre Klopfzeichen wahrnehmen könne. Das Kanalsystem wurde aufgerissen und man glaubte überall Hilferufe zu hören. Alle Zeitungen waren voll mit Horrorberichten. Am Ende stellte sich heraus, dass das Ganze nur ein Hirngespinst gewesen war.

In M machte man sich Sorgen über das weitere Einströmen russischer Truppen. Der Arbeiterrat schickte dem

---

[17] Der Vorfall rund um das Parteigebäude ist ein bis heute nicht geklärtes, mysteriöses blutiges Ereignis, das erst Jahre später mühsam rekonstruiert werden konnte und weder den Russen, besonders N. Chruschtschow, noch den ausländischen Fotoreportern ein gutes Zeugnis ausstellt: Im Parteigebäude hielt sich der Parteisekretär von Budapest, ein international bekannter Kommunist, der auch an der belgischen Resistance teilgenommen hatte, mit mehreren seiner Genossen auf. Vermutlich arbeiteten sie genauso wie in allen anderen Parteisekretariaten im Lande auch. Ein von niemandem kontrollierter, unbekannter Mob umzingelte das Gebäude. Es fielen auch Schüsse. Eigenartigerweise waren plötzlich mehr als ein Dutzend Fotoreporter zur Stelle, die im Voraus informiert wurden, dass trotz friedlicher Umstände etwas im Gange sei. Weiter entfernt, im XIII. Bezirk, einem bekannten Arbeiterbezirk, gab der Parteisekretär des Bezirkes (der übrigens später Innenminister wurde!) dem Kommandanten der nahe gelegenen Kaserne den Befehl, drei ungarische Panzer (nicht russische!) zum belagerten Parteigebäude mit dem angeblichen Ziel zu entsenden, um dort die Ordnung wiederherzustellen. Nachdem die Panzer dort eingetroffen waren, herrschte einige Minuten tiefe Stille. Dann öffneten sich die Luken der Panzer, rot- weiß-grüne Nationalfahnen kamen zum Vorschein, und die Panzer schossen einige Salven auf das Gebäude. Die darin Verschanzten kamen mit erhobenen Händen heraus und wollten sich ergeben. Da knallten Schüsse und der Mob ermordete viele uniformierte und zivile Kommunisten. Unter ihnen auch den erwähnten Parteisekretär von Budapest. Die von den Auslandsreportern gemachten Gräuelfotos gingen durch die Weltpresse. Bei der Schiesserei kam auch ein bekannter Fotoreporter ums Leben.
Aber: Wie aus dem Tagebuch des damaligen jugoslawischen Botschafters in Moskau, Veljka Micunovic, hervorgeht, legte kaum 24 Stunden später in Belgrad Nikita Chruschtschow dieselben Bilder seinem Kontrahenten Josip Tito als Beweis dafür auf den Tisch, dass in Ungarn die Kommunisten ermordet würden. Tito war bis dahin der einzige, der, im Gegensatz zu China und den anderen Volksdemokratien, gegen eine Intervention der russischen Truppen in Ungarn war. Die Bilder überzeugten Tito und er gab daraufhin seine Einwilligung zur Intervention. Das heißt, dass es bereits am 31.Oktober klar war, dass die Russen eingreifen würden. Wie und auf welchem Weg erhielt Chruschtschow so schnell die Fotos? Mysteriös ist der Vorfall auch deswegen, weil die drei Panzer samt Besatzung verschwanden und niemals wieder auftauchten. Weder als Angeklagte, noch als Helden. Auch von den Massakern in Mosonmagyaróvár und jenem vor dem Parlament, bei denen es mehrere hundert Tote gegeben hat, haben die Kamerahelden keine Fotos gemacht.

Ministerrat ein Telegramm, in welchem Auskunft über die laufenden Verhandlungen mit den Russen gebeten wurde. Die Arbeiterschaft erklärte, die Arbeit nicht wieder aufzunehmen und den Streik fortzusetzen, solange noch russische Truppen im Lande seien. Diese Einstellung gab wiederum Stoff für Diskussionen, denn einige, darunter auch R, waren der Ansicht, dass der Abzug monatelang dauern könne und ein Streik die Situation nur verschlechtern würde, weil die Russen sich provoziert fühlen könnten.

Am 9. Tag der Revolution, am 31. Oktober, herrschte in M und vermutlich im ganzen Land noch immer Unruhe wegen der ins Land einströmenden russischen Truppen. Auch R und seine Freunde machten sich Sorgen. Es war ein Zustand zwischen Angst und banger Hoffnung: Ist es ein Trick der Russen oder meinen sie es ehrlich mit ihrem Abzug. Aus Österreich sind sie auch abgezogen, warum sollten sie nicht auch aus Ungarn abziehen?[18] - ging es vielen durch den Kopf.

Die Gruppe um R schrumpfte auf sechs bis sieben Männer und Kati, das autofahrende und für alles zuständige, freundliche und immer lachende Mädchen.[19] Der Stadtkommandant, mit dem sich R langsam zu befreunden begann, meinte, er könne die Männer beim Aufbau einer neuen Exekutive übernehmen und R hatte nichts dagegen. Am liebsten hätte er sie sofort loswerden wollen.

Nach der Anzahl der Protokolle, wurden insgesamt 27 StaPo-Offiziere aus allen Gegenden in Schutzhaft genommen. Weitere meldeten sich nicht und es wurden auch keine weiteren „verhaftet".

Der ganze Tag verging mit den Gründungsversuchen der neu zugelassenen Parteien. Innerhalb des Arbeiterrates begannen sich Fraktionen zu bilden und es machte R Spaß, sich von jeder Partei hofieren zu lassen und ihr dann

---

[18]Der „Warschauer Vertrag" bildete den politischen Rahmen innerhalb dessen, zwecks „Abwehr der imperialistischen Agressionen", den sowjetischen Truppen das Aufenthaltsrecht in Ungarn eingeräumt wurde

[19] Wie von N zu erfahren war, gelang ihr die Flucht nach Kanada, wo sie noch heute lebt.

abzusagen. Die traditionellen Parteien sagten R nicht zu, und als er mit verschiedenen Parteiführern beisammen saß, antwortete er ihnen auf die Frage, was für eine Partei er sich vorstelle, wie aus der Pistole geschossen: eine freisinnige! Der Ausdruck „liberal" war ihm und auch den anderen noch nicht geläufig. Seine Gesprächspartner sahen ihn verständnislos an - so wie ihn einige Monate später seine Bekannten und Freunde in Wien anschauten und noch heute anschauen.

Jedenfalls organisierten sich die Parteien bis zum Nachmittag, der Stadtrat bildete bereits eine Koalition aus allen Parteien und der frühere Bürgermeister wurde wieder in sein Amt eingesetzt. Die städtischen Beamten und die Landesbeamten meldeten sich zum Dienst und setzten ihre Arbeit dort fort, wo sie aufgehört hatten. Das Leben begann wieder, als hätte es die siebenjährige Diktatur nicht gegeben und als wären die Russen nicht vorhanden. Alle respektierten sich gegenseitig und jeder sprach anerkennend von der Leistung des anderen. Am Abend bezogen die neugegründeten Parteien bereits ihre früheren Büros und man redete schon vom Wahltermin der ersten freien Wahlen nach der roten Diktatur.

Es war der 10. Tag der Revolution, der 1. November. An diesem Tag veränderte sich die Stimmung im ganzen Land dramatisch. Laut eingelangten Informationen schwärmten 2.500 russische Panzer und einige tausend Mann Besatzung durch ganz Ungarn, wobei eine Hauptkolonne sich in Richtung Budapest absetzte. Die Besatzer hielten nirgendwo an, bewegten sich ununterbrochen, fuhren durch die Dörfer und bewegten sich im freien Gelände nur auf den Landstrassen.

Ministerpräsident Imre Nagy schickte dem sowjetischen Botschafter in Budapest, so wie am Vortag, energische Protestnoten wegen des das Völkerrecht missachtenden Einmarsches der russischen Truppen in Ungarn. Als der Botschafter so tat, als wüsste er von nichts, raffte sich Imre Nagy zu einem schickschweren Entschluss auf und ließ die Medien wissen, dass er um 18 Uhr eine Erklärung über den Rundfunk abgeben werde. So wie in ganz Ungarn saß auch die Bevölkerung von M vor den Radioapparaten und verfolgte voller Sorge die mit Spannung erwartete Erklärung von Imre Nagy. Seine allen bekannte sonore Stimme klang beunruhigt und man spürte fast die innere Erregung des Redners, der dem Volk von Ungarn mitteilte, dass er als rechtmäßiger Ministerpräsident des Landes die Sowjetunion über ihren Botschafter mehrmals aufgefordert habe, der ungarischen Regierung Auskunft über Ziel und Zweck der russischen Truppenbewegungen zu geben. Auch seien dem Botschafter mehrere Protestnoten in diesem Zusammenhang überreicht worden. Nachdem, im Gegensatz zu den internationalen Gepflogenheiten, nicht einmal auf die Protestnoten eine Antwort eingetroffen sei, werde der Warschauer Vertrag mit sofortiger Wirkung aufgekündigt, um dem Aufenthalt sowjetischer Truppen in Ungarn die Rechtsgrundlage zu entziehen. Gleichzeitig werde auch die Neutralität Ungarns deklariert und darüber die Vereinten Nationen informiert sowie deren Generalsekretär aufgefordert, die „Ungarnfrage“ wieder auf die Tagesordnung der Generalversammlung zu setzen.

Niemand jubelte oder freute sich auch nur über diese Erklärung. Alle spürten, dass dies ein Verzweiflungsakt eines von den Russen gedemütigten Menschen war, der nun die Rolle eines tragischen Helden eingenommen hatte. Nur die Liebe des ungarischen Volkes schlug ihm entgegen – und das wusste er!

Aber was konnte man von den Westmächten besonders von den USA erhoffen? Trotz zum Teil missverständlicher Durchhalteparolen von Radio Free Europe – nichts! Denn die USA standen vor den Präsidentschaftswahlen und laut (später aufgetauchten) Protokollen des US-Nationalen Sicherheitsrates der USA, hätten die USA alleine eingreifen müssen, was eventuell zu einem atomaren Konflikt mit der Sowjetunion hätte führen können. Großbritannien und Frankreich hatten andere Sorgen und taten am Suezkanal und in ihren Kolonien dasselbe was die Russen in Ungarn getan haben. Zu dem kam noch, dass die Linken in Italien und Frankreich derart sowjetfreundlich eingestellt und die linken Intellektuellen - von einigen ehrenwerten Ausnahmen abgesehen - von Russland und Stalin noch immer so verblendet waren, dass sie die ungarische Revolution, als faschistische Gegenrevolution betrachteten und um ihre Zukunft fürchteten, die John Reed angeblich gesehen hatte und an die si sich noch immer klammerten. Die rechtsgerichtete Presse nahm sich des ungarischen Freiheitskampfes besonders an und versuchte diesen dadurch umzuformen, indem sie diesen nur als Freiheitskampf und nicht auch als gesellschaftliche Revolution beschrieb. Dieser Umstand gab wiederum den Linken die Bestätigung für ihre Behauptung, in Ungarn sei eine Gegenrevolution ausgebrochen. Vermutlich trug zu dieser Ansicht auch die von vielen missverstandene Radioansprache von Kardinal Mindszenty bei.

Jedenfalls wurde die öffentliche Meinung durch den Suezkrieg gespalten und Ungarn wurde den geostrategischen Überlegungen geopfert. All das wusste man in M nicht so genau, aber man spürte, dass vom Westen keine politische, geschweige denn eine militärische Hilfe zu erwarten sei. Da tauchte wieder eine naive, irrationale Idee auf: Die UNO sollte Truppen und Beobachter nach Ungarn entsenden!

Der 11. Tag der Revolution, der 2. November 1956, war Allerseelen und überall herrschte echte Friedhofstimmung. Eine achtundzwanzigköpfige Delegation des Arbeiterrates von M, in dem alle Parteien und Interessenvertretungen vertreten waren, wurde von der Regierung in Budapest empfangen. R blieb der Delegation fern, weil er sich politisch nicht betätigen wollte und das lieber anderen überließ. Radio Budapest berichtete darüber und gab auch den Grund des Besuches bei der Regierung bekannt. Demzufolge wollte der Arbeiterrat von M Erfahren, wann die Regierung beabsichtige, ihr politisches und wirtschaftliches Programm bekannt zu geben. Gleichzeitig wurde die Regierung aufgefordert, ihre Zeit nicht mit parteiinternen Querelen zu vergeuden, sondern die Arbeit sofort aufzunehmen. Auch wurde vorgeschlagen, dass vorübergehend ein Nationales Revolutionskomitee die Rolle des Parlaments bis zu den nächsten Wahlen übernehmen solle. Der Arbeiterrat von M machte sich nämlich Sorgen, dass durch den ständigen Wechsel der Minister die Handlungsfähigkeit der Regierung eingeengt würde. Am späten Nachmittag berichtete das Präsidium einer größeren Zuhörerschaft über seinen Besuch in Budapest und äußerte sich zufrieden darüber, dass die Regierung wirklich die Interessen des ungarischen Volkes vertrat, denn die Proklamation der Neutralität geschah in ihrer Anwesenheit. Der Arbeiterrat beschloss daraufhin, den Generalstreik zu beenden, damit am Montag das normale Leben beginnen könne. Die Betriebe wurden angewiesen, allen Mitarbeitern das volle Gehalt auszuzahlen. (Damit ja keine Unruhe entstünde, wurden selbst die Gehälter der Staatspolizisten überwiesen.) Anschließend gedachte man der Toten, die für die Freiheit ihr Leben gelassen hatten. Das waren Sprache und Taten des Herzen, aber in den Augen spiegelte sich Trauer, vermischt mit Angst.

Der 12. Tag der Revolution war eher ein Tag der Konsolidation als der einer Revolution. Es war Samstag, der 3. November, und die Umwandlung der roten Diktatur in eine Demokratie wurde vollzogen. Heute würde man sagen: Die Wende trat ein. Die Nachricht, der UNO-Sicherheitsrat habe drei Stunden lang die Ungarnfrage heftig diskutiert, gab Hoffnung und Auftrieb. Die neu gegründete und umbenannte Kommunistische Partei distanzierte sich von ihrer Vorgängerin und stellte sich voll hinter die Revolution, was mit Genugtuung zur Kenntnis genommen wurde. Nach der Abberufung einiger Altkommunisten wurde die Regierung von Imre Nagy umgebildet.

Der Arbeiterrat und der Gemeinderat von M saßen ständig beisammen, wirkten aber wie paralysiert, weil keiner wusste was die Russen vorhatten oder wie sie sich

verhalten würden. Die Gespräche waren eher belanglos, nur eines war allen klar: Jeder bewaffnete Widerstand wäre nur überflüssiges Blutvergießen. Wie verloren saß R unter seinen Freunden und wartete gemeinsam mit ihnen auf etwas, das keiner von ihnen auszusprechen wagte, weil sie wussten, dass es ohnehin nicht kommen würde, weil es nicht kommen durfte: das Einschreiten der UNO oder Hilfe aus dem Westen. An das Schlimmste wagte keiner zu denken: den militärischen Angriff der Sowjets und die Wiederkehr des alten Regimes. Parallelen taten sich auf zwischen der Revolution von 1848 und der gegenwärtigen. Auch damals, genauso wie heute - erklärte R halblaut in der Runde -, sei den Großmächten das Gleichgewicht Europas wichtiger gewesen als die Freiheit und Selbstständigkeit eines Volkes! Immer wieder tauchte in Gedanken der bekannte Spruch auf: Die Lage ist zwar ernst, aber nicht hoffnungslos! Noch nicht, denn im Radio wurde verlautbart, dass als Ergebnis der im Parlament zwischen den Oberkommandierenden der ungarischen und sowjetischen Armee stattgefundenen Verhandlungen eine Kommission gebildet worden sei, welche um 22 Uhr abends im nahe von Budapest gelegenen sowjetischen Hauptquartier mit der Ausarbeitung eines Detailplanes über den Abzug der Sowjettruppen beginnen würde. Die Nachricht war vielversprechend und beruhigte die Gemüter etwas. Denn niemand wusste, dass die ungarische Delegation kurz nach ihrem Eintreffen von sowjetischen und ungarischen StaPo Offizieren verhaftet wurde. Unter den Verhafteten befand sich auch der neue Verteidigungsminister Pál Maléter.[20] Als hätten es jedoch alle gespürt, konnte in dieser Nacht keiner schlafen.
In der Morgendämmerung des 13. Tages der Revolution, am 4. November 1956, wurde das Schreckensbild, vor dem sich die Menschen gefürchtet hatten, Realität: Zu dieser Zeit begann die russische Artillerie Budapest zu

[20] Pál Maléter, Widerstandskämpfer und Partisan des 2. Weltkriegs, Generalmajor, wurde gemeinsam mit Imre Nagy und dem Schriftsteller und Journalisten Miklós Gimes nach einer Geheimverhandlung am 16.Juni 1958 am Galgen hingerichtet.

beschießen und wie im Gänsemarsch rollten einige hundert russische Panzer, ziellos nach links und rechts auf die Häuser feuernd, durch die Straßen der Hauptstadt. Gleichzeitig wurden auch die wichtigsten Städte Ungarns von Panzern umzingelt. So auch M, wo im Morgengrauen fast unbemerkt Infanterietruppen die wichtigsten Gebäude, darunter das Landhaus und das Rathaus besetzten.
Die Tragödie wurde perfekt, als um 5 Uhr 20 Imre Nagy im Rundfunk die Schreckensnachricht persönlich bekannt gab: „In der Morgendämmerung des heutigen Tages begann ein Generalangriff sowjetischer Truppen gegen unsere Hauptstadt. Ihr unmissverständliches Ziel ist der Sturz der legitimen ungarischen Regierung. Unsere Truppen stehen im Kampf, die Regierung ist an ihrem Platz. Das gebe ich hiermit dem ungarischen Volk und der ganzen Welt bekannt!“
R machte sich sofort auf den Weg zum Landhaus. Dieses war jedoch schon von russischen Truppen abgeriegelt und besetzt. Während R und einige seiner Freunde versuchten, sich mit der russischen Wache zu verständigen, sah man, wie im Hinterrund einige Bekannte von Wachmannschaften abgeführt wurden. R eilte nach Hause, wo ihn bereits ein Freund erwartete, dem es im letzten Augenblick gelungen war, den Häschern zu entkommen. Von ihm erfuhr R, dass N die Flucht vor der Verhaftung gelungen sei und er sich jetzt bei den Bergarbeitern versteckt halte.
Aus dem Rundfunk erklang im Abstand von jeweils fünf Minuten die kurze Ansprache von Imre Nagy, auch in mehrere Sprachen übersetzt. Ebenso wurde ein Aufruf an die sowjetischen Truppen auf Russisch verlautbart, in dem die Besatzer aufgefordert wurden, nicht gegen das ungarische Volk zu kämpfen.
Um 6 Uhr wurde im Namen von Imre Nagy die noch im russischen Hauptquartier zu Verhandlungen weilende Delegation unter der Leitung von Pál Maléter zur sofortigen Rückkehr aufgefordert. Die Durchsagen wurden immer wieder durch die Nationalhymne und ernste Musik unterbrochen. Da hörte man plötzlich den verzweifelten

Hilferuf des Schriftstellerverbandes, der ebenfalls in mehrere Sprachen übersetzt über den Äther ging: „Hier spricht der ungarische Schriftstellerverband! Wir wenden uns um Hilfe an alle Schriftsteller, Wissenschaftler, an alle Akademien, an alle wissenschaftlichen Vereinigungen und an alle Persönlichkeiten des geistigen Lebens der Welt! Die Zeit ist knapp! Die Tatsachen sind euch allen bekannt und bedürfen keiner Erklärung. Helft Ungarn! Helft dem ungarischen Volk! Helft den ungarischen Schriftstellern, Wissenschaftlern, Arbeitern, Bauern und Intellektuellen! Hilfe! Hilfe! Hilfe!“ Diese Worte gingen unter die Haut und R konnte seine Tränen nicht unterdrücken.
Um 8 Uhr 8 verstummte der Sender plötzlich. Totenstille trat ein und jeder wusste: Dies ist das Ende! Es war dies der 13. Tag der Revolution, einer Revolution, die die Welt in Atem hielt. Was aber noch niemand wusste war, dass mit dieser Revolution der Zerfall einer ideologischen Wahnidee begann und der 1989 zu Ende ging.
Ebenfalls aus dem Rundfunk erfuhr die Bevölkerung vom Verrat eines Altkommunisten, der sich auf die Seite Moskaus schlug und um „Hilfe“ gegen die „Gegenrevolutionäre“ gebettelt hatte. Dieser Verräter wurde für die nächsten 30 Jahre Statthalter der Russen in Ungarn und vorerst zum meistgehassten Mann des Landes.
Das Aufrollen der Revolution ging in M still und leise vor sich. Nicht so in Budapest, wo an mehreren Stellen den russischen Truppen heftiger Widerstand geleistet wurde. Es entstand ein regelrechter Kampf um Budapest! Erstaunlichen Widerstand leisteten besonders die Arbeiterviertel, wo die Arbeiter und Studenten einige Panzer und Kanonen erbeuteten und diese gegen die Eindringlinge verwendeten, wobei sie von den naheliegenden Waffenfabriken und Kasernen laufend mit Waffen und Munition beliefert wurden.
Hervorzuheben ist ein besonderer Vorfall: Eine ungarische Militäreinheit in Bataillonsstärke nahm den aussichtslosen Kampf gegen die sowjetischen Truppen auf und hielt sich

einige Tage gegen die Übermacht. Es war dies das erste Mal in der Geschichte, dass sich zwei sozialistische Armeen kriegerisch bekämpften.
In M wurden die früheren, inzwischen untergetauchten Machthaber sowie die freigelassenen Stapo-Leute von den Russen vorerst nicht wieder eingesetzt.
Nach dem Einmarsch der Russen zerstreute sich die Gruppe in alle Himmelsrichtungen. Jedenfalls war keiner der Männer anwesend, als R durch die zum Teil aufgewühlten, aber menschenleeren Räume des Traktes im Landhaus ging. Eine liegengelassene 7,65-er Militärpistole nahm er an sich. Jetzt fiel ihm ein, dass er während der ganzen Zeit unbewaffnet gewesen war. Wozu auch, dachte er, er hatte ja nichts zu befürchten, nachdem er die Gruppe „zähmen" konnte.
Die Russen zogen sich zurück, als sie sahen, dass kein Widerstand geleistet wurde und der Arbeiterrat sich gesprächsbereit zeigte. Mitglieder des Arbeiterrates, unter ihnen auch R, trafen sich ganz offiziell im Landhaus zu einer Sitzung. An dieser nahm auch der sowjetische Militärkommandant teil und forderte den Arbeiterrat auf, eine Proklamation an die Bevölkerung zu richten, mit der diese aufgefordert werden sollte, Ruhe zu bewahren, die Waffen abzuliefern und den Streik zu beenden. Oberst B war völlig verunsichert und schaute ziemlich dumm drein, als ihm mitgeteilt wurde, dass dies alles schon am Vortag, ohne die russischen Truppen veranlasst worden sei. Dann forderte der Militärkommandant den Arbeiterrat auf, eine Loyalitätserklärung für die neue, von den Sowjets eingesetzte Regierung abzugeben. Alle Anwesenden sahen einander fragend an, aber keiner rührte sich, bis der Präsident in fast fließendem Russisch dem verblüfften Oberst mitteilte, dass dieser Arbeiterrat die Regierung Nagy auch nicht anerkannt habe, solange kein persönlicher Kontakt mit ihr aufgenommen werden konnte. Das war eine Meisterleistung des Ausweichens zur gestellten Forderung! Aber damit war die Sache noch nicht vom Tisch, denn Oberst B machte den Vorschlag, eine Delegation nach

Budapest zu entsenden, dort könne sie den persönlichen Kontakt mit der neuen Regierung aufnehmen. Die Delegierten wurden ausgewählt - R war nicht unter ihnen -, und Oberst B und die Teilnehmer der Delegation fuhren um die Mittagszeit in die Kaserne. Dort sollte allen ein Geleitschein ausgestellt und ein Fahrzeug samt Fahrer zur Verfügung gestellt werden.

Am späten Nachmittag läutete bei R das Telefon. Am anderen Ende der Leitung meldete sich eine dumpfe, aber bekannte Stimme: „Wir sind noch in der Kaserne. Flieht alle, solange ihr noch könnt!“[21]

R überlegte, was er tun sollte. Käme Flucht nicht einem feigen Schuldbekenntnis gleich? Anderseits stellte sich die Frage, warum er überhaupt fliehen sollte, er hatte ja nichts Böses getan! Außerdem müsste er bis zur österreichischen Grenze mehr als 300 km zurücklegen. Bliebe er aber, würden ihn mit größter Wahrscheinlichkeit Gefängnis oder gar der Galgen erwarten. R entschied sich, vorläufig zu bleiben und abzuwarten. Vielleicht würde ein Wunder geschehen, hoffte er im Innersten.

Zwei Vorfälle erleichterten ihm die Entscheidung. Die neuen Machthaber getrauten sich nicht, ohne russischen Beistand einzugreifen. Die Russen aber vertrauten vorerst den neuen Mitläufern nicht ganz. Daher kam es nur sporadisch zu Verhaftungen. Diese setzte erst 1957 systematisch ein. Wie zu erfahren war, standen alle Mitglieder des Arbeiterrates auf der Fahndungsliste, so auch R, von dem jedoch niemand wusste, wo er wohnte, da er in Sz, 40 km von M entfernt, gemeldet war. Die Häscher zogen aufs Geratewohl von Haus zu Haus und verhafteten jeden Verdächtigen. Da läutete eines Abends die Nachbarin, eine ältere Dame, deren Tochter - wie sich später herausstellte - vor dem Parlament erschossen worden war, mit der Bitte an der Tür, R möge doch das

---

[21] Wie sich später herausstellte, wurde von den Angehörigen der Delegation ein Treueeid auf die neue Regierung gefordert. Als sie diese verweigerten, ließ Oberst B die Männer verhaften. Sie wurden in die Sowjetunion verschleppt und kamen erst nach Wochen zurück, um dann 1957 vor Gericht gestellt und zu langjährigen Haftstrafen verurteilt zu werden.

Haus verlassen, um nicht das ganze Haus in Gefahr zu bringen.

Tags darauf erkundigte sich telefonisch ein alter Schulfreund, ob R noch da sei, denn er wolle ihn besuchen. Hocherfreut stimmte R diesem Vorschlag zu und man traf sich am Abend in der Wohnung von R. Nach kurzer, aber freundlicher Begrüßung wandte sich der Freund an R und meinte: „Wie ich hörte, hast du dich ziemlich stark kompromittiert." Die Aufforderung der „lieben" Nachbarin und die Bemerkung des Freundes waren das Startzeichen zur Flucht! Wenn Freunde solcher Ansicht sind, wie müssen erst die Feinde über mich denken, ging es R durch den Kopf.

Am nächsten Tag nahm R die Gelegenheit wahr, als Packer auf einem LKW, den ein guten Freund von ihm lenkte, aus M hinauszugelangen und den ersten russischen Absperrgürtel zu überqueren. Nach hundert Kilometern erreichte der LKW sein Ziel und die Fahrt war zu Ende. R wollte sich bis Budapest durchschlagen und dort bei seiner Freundin Unterschlupf finden. Nach einigen Schwierigkeiten gelang es ihm, noch vor Eintritt des Ausgehverbotes um 17 Uhr bei ihr einzutreffen. Hier war die ganze Familie versammelt und machte sich zur Flucht in den Westen bereit. Angeblich fuhr am nächsten Tag der erste fahrplanmäßige Zug in Richtung Westen.

Am nächsten Morgen steckte R seine Zahnbürste in die Zigarrentasche seines Sakkos und schloss sich der flüchtenden Familie an. Es war 5 Uhr früh, gleich nach dem Ende des Ausgehverbotes, als die kleine Gruppe zu Fuß in Richtung Bahnhof aufbrach. Die Straßenbahnen fuhren nicht, die Oberleitungen lagen an mehreren Stellen auf dem Boden. Die zerschossene Straßen gaben Zeugnis von den stattgefundenen Kämpfen. Man hörte keinen Schuss und es herrschte totenstille. Je näher die kleine Gruppe zum Bahnhof kam, umso mehr Leute drängten sich auf der Straße. Es mussten einige tausend gewesen sein. Weder die russischen noch die ungarischen Wachposten kümmerten sich um die immer schneller marschierende

Menge, die hastigen Schrittes dem Bahnhof entgegen lief, so als hätte sie Angst, den nächsten Zug zu verpassen. Und siehe da, der Zug nach Gy stand schon am Gleis. Die Leute stürmten die Waggons und im Nu waren sie gefüllt wie Sardinenbüchsen. Trotz der Enge freute sich R, wenigstens einen Stehplatz ergattert zu haben. Der Zug fuhr los und blieb bis Gy nicht stehen. Dort angekommen, strömten einige tausend Menschen über den Bahnsteig. Plötzlich hörte R seinen Namen rufen und entdeckte einen alten Freund aus M. Dieser hatte eine Militärmappe bei sich, auf der selbst das kleinste Gehöft vermerkt war. Von mehreren Menschen umdrängt, steckten sie ihre Köpfe über der Landkarte zusammen und waren überzeugt, den besten und kürzesten Weg nach Österreich gefunden zu haben. Dies musste sich blitzschnell herumgesprochen haben, denn die Menschenmasse bewegte sich synchron mit R und dessen Freund. Trotz der ernsten Situation fanden es beide amüsant und lachten hell auf. Das ganze kam ihnen wie ein Slapstick aus einem Stummfilm vor: Gingen sie nach rechts, folgte ihnen die Masse nach rechts, gingen sie vor oder zurück, liefen ihnen die Leute nach. Das ging so lange, bis R und sein Freund auf einem Nebengleis einen Zug bestiegen, der westwärts fuhr. Die Menschenmenge aus Budapest besetzte auch diesen Zug, der, weil überlastet, kaum von der Stelle kam. Der Schaffner wies darauf hin, dass am Ankunftsbahnhof K die Russen vermutlich alle Reisende in „Empfang“ nehmen würden. R und sein Freund entschlossen sich deshalb, den Zug knapp vor dem Bahnhof auf offenem Feld anzuhalten und zu Fuß über Stock und Stein die Grenze in der Nähe des Neusiedler Sees zu erreichen. Viel Zeit blieb ihnen nicht, denn der Zug näherte sich bereits der Station. Kurz entschlossen zog R die Notbremse. Der Zug blieb ruckend stehen. Als R und sein Freund aus dem Zug sprangen trauten sie ihren Augen nicht: Alle Menschen aus dem Zug folgten ihnen! Entlang der Bahnschienen standen auf dem frisch gepflügten Acker Tausende Menschen und warteten auf ein Zeichen, wohin es gehen solle. R nahm die

Richtung querfeldein, der untergehenden Sonne entgegen. Die Masse folgte ihm. Endlich erreichte man festeren Boden und durchquerte das letzte Dorf nahe der Grenze, wo mehrere ältere Freuen mit schwarzen Kopftüchern laut schluchzend den Vorbeimarschierenden nachwinkten. Nach gut zwei Stunden wurde der Einserkanal erreicht, wo die noch verbliebenen Grenzpolizisten die ersten Ankömmlinge festnahmen und sie zurückschickten wollten. Als sie die riesige Menschenmenge erblickten, verschwanden sie in ihren Häuschen und taten so, als bemerkten sie nichts. Nachdem R an ihnen vorüber war, warf er die mitgebrachte Pistole in weitem Bogen ins Wasser des Einserkanals, wo sie vermutlich noch heute liegt. Tief Atem holend ging er der Grenze entgegen und blickte nicht mehr zurück.

An diesem Tag überschritten mehr als 5.000 Flüchtlinge die Grenze nach Österreich, wo alle von der Bevölkerung verständnisvoll und freundlich aufgenommen wurden.

Nur die Kommunisten und die extremen Linken verstanden die Ankömmlinge und die Welt nicht mehr. Würden sie sie seitdem verstehen?

EPILOG

Während der 13 Tage der ungarischen Revolution hielt die Welt den Atem an. Nur die Marxisten waren schockiert, denn 1956 signalisierte die Revolution die Halbwertzeit des Konstruktes Sozialismus. Eigentlich hatte dieser Zerfall schon 1953 mit dem sog. Juniprogramm des kommunistischen Ministerpräsidenten Imre Nagy und dem XX. Parteikongress der sowjetischen KP begonnen, nur waren diese Ereignisse nicht so spektakulär wie eine auch mit Waffen durchgeführte Revolution.
Seit dem 23. Oktober 1956 beschleunigte sich jedoch der Zerfall dieser politischen Religion und konnte auch durch den irrationalen Versuch eines „Sozialismus mit menschlichem Antlitz" oder durch die Idee eines Eurokommunismus nicht verhindert, sondern nur verzögert werden, bis schließlich dieses Opiat für die Massen 1989 endgültig seine Wirkung verloren hatte. Während dieses Zerfallsprozesses haben sozialdemokratische und sozialistische Parteien Marx aus ihrer Ideologie gestrichen und verbannt und streben seither einer sozialen Demokratie, und nicht mehr dem Sozialismus entgegen. Das „intellektuelle" Linksdenken konnten sich die obsessiven Weltverbesserer aber noch immer nicht abgewöhnen, weil sie den Verlust ihrer Existenzberechtigung befürchten mussten. Es ist daher kein Zufall, dass sie die Revolution der ungarischen Intellektuellen nicht nachvollziehen, obwohl sie die Namen Lukács, Déry, Háy, Imre Nagy, Bibó u.a. sehr gut kennen oder zumindest gekannt haben müssten.
Zum Schluss muss noch einmal betont und hervorgehoben werden, dass die ungarische Revolution 1956 nicht von Ewiggestrigen oder gar Faschisten, wie es viele gern hören würden, vorbereitet, initiiert, ausgelöst und geleitet wurde. Nein, das waren vielmehr alte, arrogante und kampferprobte, kommunistisch angehauchte Intellektuelle, Schriftsteller, Künstler und Wissenschaftler, die 1951 eine Literaturzeitung, die „Irodalmi újság" mit Hilfe der

Kommunistischen Partei Ungarns ins Leben gerufen haben. Diese Zeitschrift war dazu berufen, dem Aufbau einer sozialistischen Gesellschaft behilflich zu sein. Die um die Zeitschrift versammelten Schriftsteller sollten, nach Lenins Worten, „die kleinen Räder und Schrauben“ im Mechanismus des proletarischen Klassenkampfes sein, denn nur so wird die Literatur zur Parteiliteratur.
1953 erkannten aber die Schriftsteller in Ungarn, dass sich hinter der Maske des von ihnen idealisierten neuen sozialistischen Menschentypus die Fratze des Tyrannen und des Terrors verborgen hielt. Ihr Aufschrei mündete 1956 zwangsläufig in eine Revolution für Demokratie und Freiheit, wodurch diese - den Akteuren unbewusst - zur vorläufig letzten liberalen Revolution der Geschichte wurde. Ihr später Erfolg zeigte sich erst 1989. Damit ging die Geschichte jedoch nicht zu Ende – im Gegenteil, sie hatte erst so richtig begonnen!
Der Prozess des Zerfalls spiegelt sich nachweislich in allen Ausgaben der „Irodalmi újság“ (Literaturzeitung) wider, die auch nach 1956 in der Emigration nicht aufhörte, gegen jedes System anzukämpfen, dessen Ideologie im Experimentieren mit Menschen besteht und welche es den Menschen belehrend anordnen will, wohin die Zukunft zu führt hat. Mit dem Untergang des sozialistischen Experiments Ende 1989 hatte dieses wunderbare Blatt seine Aufgabe erfüllt und es wurde eingestellt. Anfang 1990 erschien die letzte Nummer.
Ohne dieser Literaturzeitung, der „Irodalmi újság“, ist der geistige Prozess der zur Revolution geführt hatte weder zu verstehen noch zu erklären.